**JLA
図書館実践シリーズ** 17

闘病記文庫入門

医療情報資源としての闘病記の提供方法

石井保志 著

日本図書館協会

Introduction to Tobyo–ki Library

(JLA Monograph Series for Library Practitioners ; 17)

闘病記文庫入門 ： 医療情報資源としての闘病記の提供方法 ／ 石井保志著. － 東京 ： 日本図書館協会, 2011. － 212p ； 19cm. － (JLA図書館実践シリーズ ； 17). － ISBN978-4-8204-1101-7

t1. トウビョウキ ブンコ ニュウモン a1. イシイ, ヤスシ
s1. 健康情報 s2. 図書館資料収集 s3. 情報検索 ① 015

はじめに

　本書は，市民研究グループ「健康情報棚プロジェクト」の実践を踏まえた，「闘病記文庫」設置のための方法を解説したものです。

　「闘病記文庫」の特徴は，何の病気について書かれているか，病名分類で示している点にあります。本書でとりあげた闘病記約2,400冊のリストを使うことで，図書館が所蔵している資料から抜き出して「闘病記文庫」を設置することが可能です。初めて医療情報サービスに取り組もうとする図書館には「闘病記」は身近な資料であり，サービス開始の入門編と言えるでしょう。

　さて，いったい「闘病記」とはどのような性格を持った資料なのでしょうか。「闘病記」は，「健康・医療情報における"生き方情報"」と言われています。人は病気になったとき，治療法だけでなく，病気と生活に関する不安や疑問について知りたいという情報ニーズを持ちます。それに少しでも応えてくれるものとして，市民・患者たちは「闘病記」を探しているのです。しかし，「闘病記」は，書名が抽象的なものが多く，図書館での分類もさまざまで排架もバラバラになっていることが多く，利用者が自分で探し出すのが困難なのが実情でした。少しでも探しやすくするため「闘病記」を病名別に分類したのが「闘病記文庫」です。医療情報資源としての「闘病記」についてきちんと考察しておくことで，図書館での健康・医療情報サービスにおける「闘病記」提供の位置づけが明確になると思います。具体的な資料を手がかりにして健康・医療情報サービスに取り組むことは，図書館が所蔵する「埋もれた資料」を掘り起こすきっかけにもなっていくのではないで

しょうか。

「闘病記文庫」は，2005年東京都立中央図書館に初めて設置されて以来，多くの図書館等に文庫・コーナーが置かれるようになってきました。設置されたところは公共図書館，医学図書館，病院など全国96か所以上（2010年8月末現在，健康情報棚プロジェクト調べ）に及びます。

増えてきたことはよいのですが，他館を参考に「闘病記文庫」を設置した図書館などでは，「闘病記文庫」が何のためにあるのか，誰が利用するのかなど，設置の趣旨が不明瞭なケースも見られるようになってきました。

例えば，「健康情報棚プロジェクト」では，「闘病記文庫」には同じ書名の本の場合，単行本と文庫本の両方を置くようにすすめていますが，これには明確な理由があります。文庫本には患者本人やその家族が書いた「あとがき」があり，単行本の「その後」が書いてあるからです。「あとがき」はたった2，3ページでも，患者やその家族が当時の気持ちを振り返った記述があり，その記述を単行本発行後の「貴重な情報」と位置づけているからです。

このような市民・患者たちのニーズに応えるための「闘病記文庫」の仕掛けの意味を理解したうえで，サービスを行っていただきたいというのも本書出版のねらいのひとつです。

もちろん，医療情報を求める市民・患者は「闘病記」だけで満足するわけではありません。市民の要求に応えるために，病名の見出しのもとに，闘病記や介護記，医学書，患者会資料など，さまざまな関連資料を追加していく「情報の串刺し」が，「健康情報棚プロジェクト」のゴールです。別論に譲りますが，「闘病記文庫」を中心に，絵本や医療マンガなど，一見して医療資源に思えない資料も，医療情報資源のコンテンツに位置づける考え方も提

唱しています。市民・患者にとって，選択肢の多い，総合的な医療情報コーナーに発展させる設置支援も，「健康情報棚プロジェクト」ではささやかに開始しています。

　本書は，「闘病記文庫」という闘病記の提供方法の一提言に過ぎませんが，本書を参考にして，本格的な医療情報サービスへの第一歩を踏み出していただければ幸いです。

　本書の執筆に際して，闘病記専門古書店パラメディカ店主の星野史雄氏，前・大阪府立大学看護学部講師の和田恵美子先生，患者団体の役員を長く務めた滋賀県愛荘町立愛知川図書館・秦荘図書館館長の西河内靖泰氏，読売新聞科学部デスクの長谷川聖治氏，その他関係者の皆様に多くの助言をいただいたことを申し添え，お礼を申し上げます。

　刊行にあたって，日本図書館協会出版委員会および事務局出版・ニューメディア事業部には，長期間にわたり著者を叱咤激励くださり，ようやく脱稿に至りました。感謝申し上げます。

2011 年 4 月

　　　　　　　　　　健康情報棚プロジェクト代表　石井保志

本書の用語使用について

本書では「市民・患者とその家族」を「患者」,「健康・医療情報サービス」を「医療情報サービス」と表記することとします。

本書で多く使う用語を次のように定義します。

● 「医療情報サービスに関係する図書館（室）」

医療系図書館は，医療従事者・研究者・学生等を利用対象にするものと，患者やその家族を利用対象とした2つに大きく区分されます。

・医学図書館＝狭義には，医学研究者，医療従事者，医学生向けの医学専門図書館。広義には，医学・医療に関する専門情報を扱う専門図書館。NPO法人日本医学図書館協会の加盟館には農学・栄養学・体育系図書館も加盟している。バイオやゲノムも含め「生物医学図書館」と呼ばれることもある。

・病院図書室＝中規模以上の病院に設置される医療者用図書室。担当者が一人の図書室も多い。

・患者図書室＝病院内に設置された入院患者や外来患者に対する情報サービスを行う図書室。医療情報や一般図書の提供，入院病棟への巡回サービス，小児病棟での読み聞かせ，公共図書館によるアウトリーチサービスとして自動車図書館や団体貸出が行われている。

目次

はじめに　iii
本書の用語使用について　vi

第Ⅰ部　「闘病記文庫」の設置方法 …… 1

●1章●　医療資源としての「闘病記」 …… 2

1.1　「健康情報棚プロジェクト」の情報提供の考え方　2
1.2　闘病記プロジェクトの位置づけ　3
1.3　「闘病記文庫」の特徴　4
1.4　図書館での設置の反響　7
1.5　「闘病記」の定義はあるのか　9
1.6　「闘病記」のイメージ　10
1.7　情報中継地点としての「病名分類」　11
1.8　「闘病記」の位置づけ　13
1.9　「闘病記」の執筆者と読者　15

●2章●　「闘病記文庫」のつくり方 …… 17

2.1　所蔵調査と収集　17
2.2　新規購入が困難な場合　18
2.3　分類ラベル　19
2.4　本の装丁（ブックカバー）　20
2.5　見出しと排架　21
2.6　排架場所・看板　22

もくじ……vii

目 次

●3章● 「闘病記文庫」の利用と運用 ……………………… 25

- 3.1 貸出・返却　25
- 3.2 相互貸借・図書館ネットワークの活用　25
- 3.3 「闘病記文庫」への新刊書追加　26
- 3.4 広報　26
- 3.5 寄贈の申し出への対応　27
- 3.6 利用者からの質問　28
- 3.7 病名が違うといわれた場合　29
- 3.8 「闘病記文庫」Q&A　30

●4章● 「闘病記」と利用者の声 ……………………………… 32

- 4.1 利用者の声を検証する　32
- 4.2 闘病記を集める，届ける　35
- 4.3 医療動向とナラティブ　37

●5章● 「闘病記文庫」から広がるサービス ……………… 40

- 5.1 「闘病記文庫」からの発展　40
- 5.2 「情報の串刺し」から「健康情報棚」へ　41

contents

第Ⅱ部　闘病記リスト ……………………… 47

　　凡例　　48
　　1. がん　　50
　　2. 小児がん　　102
　　3. 疾病　　111
　　4. 脳　　150
　　5. 障害　　169
　　6. 心臓　　175
　　7. 精神　　180

参考文献一覧　　193
あとがきにかえて　　197
索引　　201

第 I 部

「闘病記文庫」の設置方法

1章 医療資源としての「闘病記」

1.1 「健康情報棚プロジェクト」の情報提供の考え方

「健康情報棚プロジェクト」は，2004年8月に発足した民間研究グループです。自分や身近な人が病気になったとき，支えになってくれる本が手にとれる場所をつくりたいという思いからスタートしました。「健康情報棚（たな）プロジェクト」の「棚」は，本棚，書棚の意味です。インターネット全盛時代だからこそ，あえて本棚で現物を手にとる情報アクセスを重視し，図書館や書店で隙間的に扱われる闘病記や患者会資料を，新たな分類・展示法で誰でも探しやすくする活動を展開しています。具体的には，患者・家族が必要とする情報が詰まった棚をつくるため，書架の限られたスペースにどのような資料を排架するかの探求といえます。メンバーは，図書館員，看護師，ジャーナリスト，研究者，患者当事者など多職種な構成です。主要な闘病記研究者の多くも参加しており，患者を全人的にみる看護の視点を取り入れているのも特徴です。「健康情報棚プロジェクト」の情報提供の考え方は，第5章に詳しく説明しています。

1.2 闘病記プロジェクトの位置づけ

「闘病記文庫」は,「健康情報棚プロジェクト」の活動の第1弾で,「闘病記プロジェクト」(図表1)のひとつです。

「闘病記」という資料を探しやすくするため,次の3つの方法でアプローチをし,闘病記文庫が自発的に設置されるよう提唱しています。

① 闘病記文庫
　闘病記を病名ごとに分類を行い,一括排架したもの。
② 闘病記ライブラリー
　2006年6月に公開されたインターネット上の仮想本棚。闘病記の収録数は700冊。国立情報学研究所の高野研究室が健康情報棚プロジェクトの協力のもと作成。運営はNPO法人連想出版。表紙や前書きが見られます。

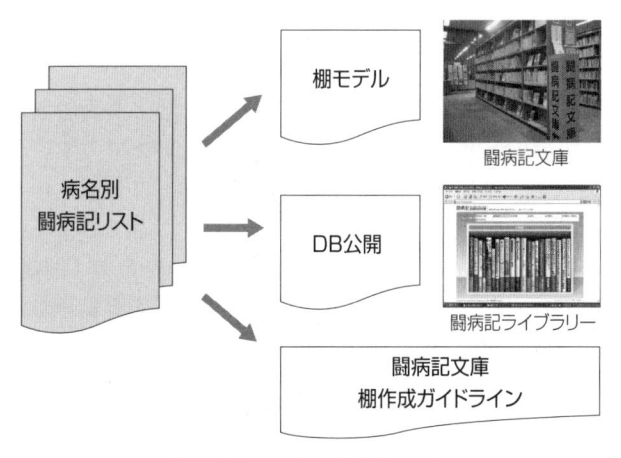

図表1　闘病記プロジェクト

1章　医療資源としての「闘病記」

③　闘病記文庫棚作成ガイドライン
　闘病記文庫の設置方法と病名別リストと公開したガイドライン。2006年に第1版を希望する機関に配布。本書は「棚作成ガイドライン」第2版に相当します。

1.3 「闘病記文庫」の特徴

　「闘病記」を従来の図書館とは違う方法で病名分類して、1か所に排架したコーナーが「闘病記文庫」です。その方法は、「闘病記」の内容が「何の病気の闘病体験」なのかに着目し、全部で約300の病名見出しを立てていることです。この病名を手がかりに、体験記を探しやすくする「棚」を「闘病記文庫」と呼んでいます。

　なぜ、「闘病記」を病名分類する必要があるのでしょうか。もちろん「日本十進分類法」(以下、NDC) や他の分類でも整理可能です。しかし、「闘病記」を探す利用者は、同病者の体験を求めている場合が多いのです。本の背表紙を見て、「闘病記」と断定するのは案外難しいものです。書名や著者名からでは、同病者の情報を探すことが容易でないためです。

　「闘病記」は通常、NDCでは9門 (文学) に分類され、ノンフィクションや手記に入れられています。さまざまな分野があるノンフィクションの中にあっては、たとえ「闘病記」が利用者の目の前にあっても、見過ごしてしまう場合があります。「闘病記」の定義自体が曖昧なためなのです。

　ここで、ちょっとクイズをしてみましょう。次ページの背表紙の写真 (図表2) を見て、何の病気の「闘病記」か推測してみてください。全部同じ病気の「闘病記」です。

図表2　書名のみでは何の病気の闘病記か推測困難（回答は図表3）

　「闘病記」の書名の多くは，抽象的で病名が入っていないため，書名のみで病名を特定することは困難です。

　背表紙に「がん」という名称が見えますね。きっと何かのがんの「闘病記」なのでしょう。しかし，「がんの闘病記」では利用者からすると大雑把な分類です。「がん」と言っても何十種類もあるからです。「がん」の表記も，ひらがなの「がん」，カタカナの「ガン」，漢字の「癌」もあります。これは書名に著者の思い入れが反映される場合が多く，漢字の「癌」はいかにも「がん」を想像してしまうから絶対使いたくないというがん患者もいます。当事者にしかわからない気持ちが書名に現れる一例です。ちなみに多くの医学専門書では「腫瘍」と記述されています。

1章　医療資源としての「闘病記」………5

では，正解を見てみましょう。図表2は，すべて「直腸がん」の「闘病記」です。

　このように，「闘病記」だけの並びであっても，病名を手がかりに探すことは非常に難しいのです。探すためには，時間をかけて1冊ずつ目次や内容に目を通すことになります。

　書店や図書館で，多くの書籍から目的とする「闘病記」を探すには，書名から病名の想像がつくものか，事前に何の「闘病記」か知っているものになりがちです。

　選択肢からブラウジングしながら手にとれる環境を目指したのが「闘病記文庫」です。素早く手にとるためのちょっとした工夫が「病名見出し」です。図表2の本の並びに見出しを挿すだけで，「直腸がん」の闘病記と一目でわかってもらえるという単純明快な方法といえます（図表3）。

図表3　見出しがあると一目でわかる（図表2の回答）

1.4 図書館での設置の反響

　病名から探せる「闘病記文庫」は，図書館でどのように利用されているのでしょう。

　公共図書館の利用者は，予想どおり多くが患者本人や家族のようです。病気の情報を切実に求める人が，「病気に関する本棚」には何か自分に役立つ情報があるのではないかと期待を持って訪れます。「闘病記文庫」は病名から探せるため，図書館では具体的な病名について質問・問合せが増えたと聞きます（図表4）。病名の見出しがあることにより，図書館でも医療について具体的に質問できる雰囲気があると理解されているのでしょうか。「闘病記文庫」を新聞で知って，わざわざ遠方から足を運ぶ利用者もいます。情報が集積する場所は，それだけで魅力があり集客力も顕著です。

　また，患者と同じくらい多く訪れる利用者が，地域の医療関係者です。特に看護師や看護学生の利用率は，設置した図書館も驚くほどです。彼ら彼女らは医学知識とともに，よりよいケアをしたいと患者の気持ちを勉強しに来ます。

　一方，医療系の専門図書館である医学図書館でも「闘病記文庫」の設置が増加しています。医学図書館には医学専門書が数多くありますが，「闘病記」は読み物と位置づけられたため，これまで意識的に収集されることは少なかったようです。

　医学図書館では，将来の医師である医学生，将来のナースである看護学生が，「闘病記」をいつでも手にとれる環境づくりとして設置するケースが見られます。看護学部ではレポートの課題で「闘病記」の感想文が宿題に出ることもあるそうです。

図表4　医療関係者も闘病記に注目している
【大阪府立大学　闘病記文庫さくらんぼ】

　医学専門書には，病気や検査に関する詳細な知識が書かれていますが，患者の不安や痛みについての記述はわずかです。患者は医師を前にして，治療への疑問や不信感を言いにくいものです。患者の気持ちを理解できる医師になりたいと，医学生の呼びかけで「闘病記文庫」が設置された事例もあります。「闘病記」は，患者の視点で書かれた「病の語り」が詰まったものといわれています。

　もちろん，病気の情報源としてだけでなく，従来のようにノンフィクション，私小説の「読み物」としても使われています。マスコミの人たちがテレビドラマのネタ探しに来館す

るという話も聞きます。

このように「闘病記文庫」は，患者に対する情報提供だけでなく，患者をとりまく人々に活用されています。

1.5 「闘病記」の定義はあるのか

さて，「闘病記」とはいったいどんな資料なのでしょうか。「闘病記」の定義はあるのでしょうか。

実は，「闘病記」の明確な定義や英訳はあまり見かけません。「健康情報棚プロジェクト」では「闘病記」の定義を，「病と向き合う過程を綴った手記」としています。本書では，「闘病記」をこの定義によることにします。

「同病相憐れむ」といわれますが，患者には同じ病気の人の体験を知りたいという要求があります。同じ病気の人の体験談を読むことによって，自分だけが苦しいのではないという孤独感の軽減や共感が生まれるからといわれています。また，「闘病記」には患者の痛みや不安や悩みが率直に描かれており，それを読むことにより癒されるという「ピア・カウンセリング」の効用があることがわかってきました。

もっとも，書名に大きく「がん」と表示されていても，読んでみると闘病に関する記述はほんの数ページで，仕事の苦労話や成功談，自分の恋愛観が延々と続く"闘病記もどき"もしばしばあります。病気に関する記述が極端に少ないものは，「闘病記」の範疇かどうかを判断する必要があります。

「闘病記」は，「何の病気の本か」という視点で探すと大変探しにくい本といえます。「闘病記」にはNDCではずばり該当する分類がなく，多くの公共図書館では，医学・文学・伝

記・エッセイ・ノンフィクションなどの分類の棚に並んでいます。そして，書名だけでは「闘病記」なのかわからないものもあります。書名に病名がない場合，表紙の写真や帯情報，著者略歴や序文をながめなければ，「闘病記」と見極めるのは困難なのです。

　書名から探すことが困難ですから，書店でも同様にさまざまに並べられています。作家の「闘病記」は文学の棚，芸能人の「闘病記」はタレントの棚といった具合です。また自費出版が多いのも「闘病記」の特徴で，通常の図書の流通にのる場合は少なく，出版の把握自体が難しいのが現実です。

1.6 「闘病記」のイメージ

　「闘病記」の定義も，置いてある場所も曖昧だったため，なんとなく「強い心を持って病気と闘う話」という印象が持たれていたかもしれません。

　探すことが困難な「闘病記」は，さらにイメージ自体も決してよいものばかりではありませんでした。その多くは「闘病記」の全体像を分析した結果から導き出されたイメージではなく，テレビドラマなどの印象が大きいに違いありません。なぜなら，「闘病記」がいったい何冊出版されていて，どういう内容が書かれているか，全貌は明らかになっていないからです。

　他人の病気の体験を読むことで，気分が落ち込むという人もいるでしょう。自分は健康だから，「闘病記」は必要ないと思う人もいるかもしれません。闘病中の人の中には，「気分が暗くなるから読みたくない」，「自分の先行きを知るのが恐ろ

しい」という人もいます。退院した人からは、「思い出したくない」という意見も出されます。

病院内に設置される「患者図書室」においては、「闘病記」の提供にあたって杞憂を持たれる傾向もあります。一方的な医療者批判や患者の主観的な闘病の日記が書かれていて参考にならない、という医療者もいます。内容の個別性が強すぎるという意見もあり、そのような「闘病記」を提供すると、病院が「闘病記」にお墨付きを与えることになると思われたかもしれません。入院患者は不安で、何でも情報を取り入れるので、素人が書いた医学的に不正確な記述や古い治療法を信じたら困る、このような病院当局の心配もわからないではありません。「闘病記」に怪しい宗教や民間療法のことが書かれていた場合の対処を心配することも、具体的な治療をしていく立場からはもっともなことでしょう。

このように、「闘病記」が間違った読み方をされ、「何か問題が起きたら責任が持てない」という見方が現在もあることは否定できません。その杞憂は、「闘病記」が持つ資料的価値の研究が少なかったため、ある意味しかたがないことでもありました。

1.7 情報中継地点としての「病名分類」

探すのが困難でイメージもよくない「闘病記」に、なぜ患者のニーズがあるのでしょうか。身近な医師に相談すればよさそうなものと思われるかもしれません。

しかし、新米患者は気軽に何でも医師や家族に相談できる人ばかりではありません。痛みや副作用という医学的なこと

だけでなく，日常生活が突如として断ち切られたような不安が襲うのです。入院費や家族との関係，子どものこと，排尿障害や性生活のこと，死への恐怖，再発の恐怖，将来への不安，初めて経験する闘病生活には不安や恐怖が先立ち，自分が何を知りたいのか整理できない場合が多いのです。

　ここでは，病気になったばかりで，病気の概要さえよくわからない患者を"患者初心者"，長く病気と共存してきたベテランを"患者上級者"と呼ぶことにします。同じ"患者"でも，両者には体験や知識に雲泥の差があります。図書館が患者のニーズに対応した細かな情報提供を考えるうえで"患者初心者"を想定することは，図書館の独りよがりが防止できると考えられます。

　「もしかしたら病気に罹ったかも」と不安に思い始めた"患者初心者"はどうやって情報を探しているのでしょうか。情報がたくさんあるのに，自分に必要な情報が探せない，一般論についての情報はあるのに個別な情報が不足していると感じる場合が多いのではないでしょうか。

　一方，"患者上級者"は，闘病生活の経験や情報量も豊富です。患者会を通して後輩患者に情報提供を行い，少しでも不安を取り除こうと支援をする人もいます。しかし，先輩患者や患者会はどこの誰に患者会資料を寄贈すれば，有効に活用してもらえるのかがわかっていません。"患者初心者"と患者会を結ぶ役割を「闘病記文庫の病名分類」に担わせることで，患者が告知された病名を頼りに情報を探しにいけば容易にたどりつけると予想しています。患者会の多くの目的は，同病の患者・家族への援助であるわけですから，情報を探す側と提供する側の両者が病名のキーワードを中継地点とすれ

ば，結びつくことができるのです（図表5）。

闘病記を必要な人に届ける

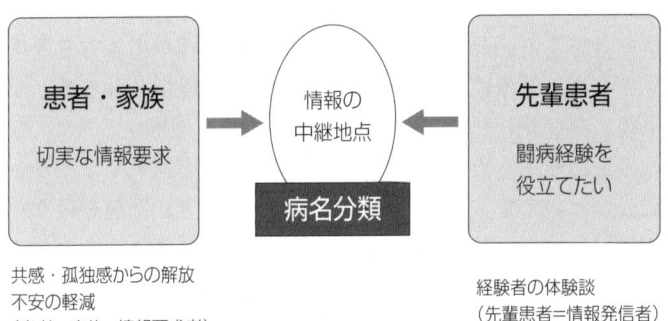

図表5　病名の棚を中継点に先輩患者と後輩患者が出会う

1.8 「闘病記」の位置づけ

　利用者の医療情報ニーズを，病気の発症から入院，治療から退院，その後の日常生活に区分してみましょう。前半は医学的知識，後半は病気と生活の情報ニーズが必要とされています。このことから「闘病記」は，医師から得られる情報とは違う，病気とともに生きるための生活情報を得られるツールと位置づけることができます。

　現在では，患者への情報提供は，医学書に代表される科学的根拠のある本，診療ガイドラインなど最新で信頼のある情報提供という方針が多いようです。

　しかし，医療的な部分のみでは患者の情報ニーズは満足しないと考えられます。なぜかというと，治療法や処方薬の情

報は医療者や医学辞典から求めることができますが，むしろ退院後の闘病生活には，医療的な情報ばかりでなく，病気と生活，病気と共存するための情報が必要なのです。患者主体の医療のもとでは，治療法の決定は，患者の価値観や人生背景を考慮する必要があり，また患者の価値観や生き方を尊重するなら，医療情報と生き方情報の両方が提供されることが重要になります（図表6）。つまり医学情報を理解するには，今後の生活や生き方を考慮しなければ治療法を選択することが難しいといえます。また今後の生活や生き方に価値を置くためには，治療のリスクや影響を考慮しなければならないのです。両者は相互に影響を与えあう関係なのです。

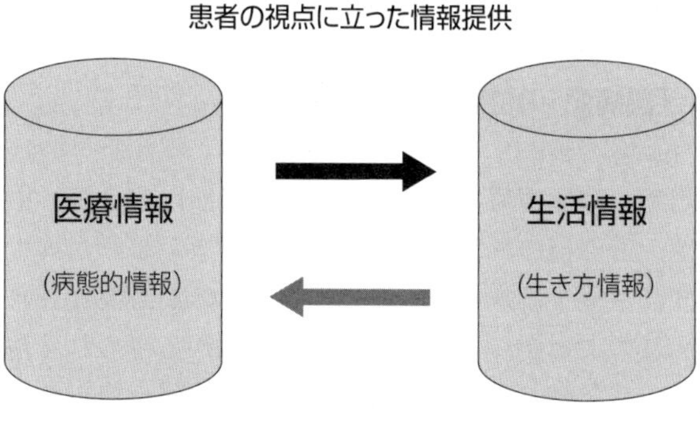

患者の視点に立った情報提供

医療情報
（病態的情報）
→
←
生活情報
（生き方情報）

図表6　医療情報と生活情報は相互に影響する

　この医療情報と生き方情報が書かれているのが「闘病記」の特徴です。患者からの症例報告，患者の視点が含まれた情報なのです。医学書では決して見ることのできない，患者の悩み，病気に伴う生活の悩みが書かれているのです。

図書館の種類による収集資料の違い

ピラミッド図：
- 頂点から底辺へ：医学文献／医学専門書／闘病記・患者会資料／家庭医学書／民間療法・健康雑誌
- 医学文献・医学専門書 ← 医学図書館
- 闘病記・患者会資料 ← （隙間）
- 家庭医学書・民間療法・健康雑誌 ← 公共図書館／書店
- 左矢印：入手機会（上：少、下：多）
- 右矢印：情報の信頼度（上：高、下：低）

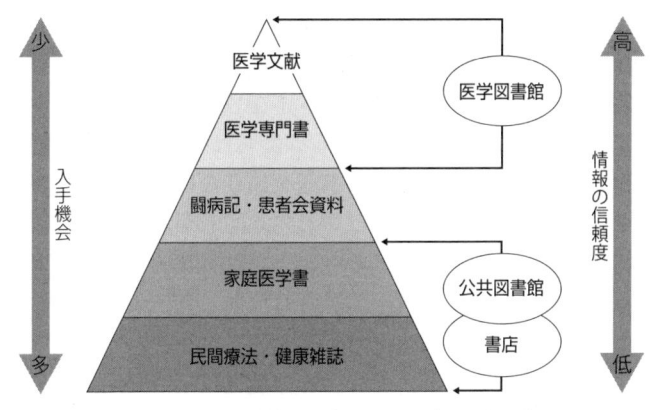

図表7　医療情報のピラミッド（著者作図）

「健康情報棚プロジェクト」では，一般向けの「健康雑誌」「家庭医学書」と，医療従事者向けの「医学専門書」「医学文献」の中間に位置する資料として，「闘病記」や「患者会資料」などがあると考えています（図表7）。この分野は，公共図書館，大学医学部図書館の双方が意識的に収集をしていない，いわば隙間的な情報といえます。この隙間的な資料に着目したのが「闘病記文庫」なのです。

1.9 「闘病記」の執筆者と読者

「闘病記」の執筆者や読者は，いったいどのような思いを持っているのでしょう。執筆者には，闘病体験を書かずにいられなかった人が多くいます。生きた証を残したいという人もいます。同時に，自分の経験を遅れてくる後輩患者に伝えた

い，自分が苦労した情報探しが楽になるようにしたいなど，自分の経験を他人のために役立てたいという気持ちを込めているのです。また，「闘病記」を書くことにより自分の気持ちを吐き出し整理したいなど，さまざまな思いがあります。

　一方，「闘病記」を求めている人たちは，自分と同じ境遇，体験，背景を持っている人の情報を知りたいのです。乳がんの「闘病記」を求める患者に対して，同じがんだからと胃がんの「闘病記」をみせる，そのような読み替えで満足できるものではありません。乳がん患者は，同じ乳がんの患者体験記，できれば同じ年代，同じ職業，同じ治療法，同じ家族構成，同じ経済状況など，自分自身の境遇に近い立場，自分と同じ病気の人の体験談を求めているのです。

　新聞記者や有名人の「闘病記」は，自分とは違う特別な人いう見方もされ，有名人ゆえに特別な医療を受けられると見られがちです。そのため，「闘病記」の提供にはさまざまな立場で書かれた選択肢があることが望ましいでしょう。

　この「闘病記」という情報源を，どうやったらそれを求めている人たちに届けることができるでしょうか。ただ，「図書館にあるからどうぞご利用ください」では不十分です。どれが「闘病記」かわからない，どこの書架にあるかわからない，探しているものが絶版で手に入らないということもわからないからです。患者が知りたいことは，自分と同じ病気の体験なのですから，その「闘病記」は「何の病気について書かれているか」という情報が必要なのです。

　では，「闘病記文庫」をどうつくるかを次章で解説しましょう。

2章 「闘病記文庫」のつくり方

2.1 所蔵調査と収集

　第1章で述べたように,「闘病記」には,病気とともに生きる生活や当事者の気持ちが書かれています。それらをまとめて提供する「闘病記文庫」はいわゆるテーマ展示といえます。この章では「闘病記文庫」設置への具体的なイメージが描けるよう,つくり方を説明します。

　蔵書規模10万冊前後の図書館なら,第Ⅱ部の「闘病記リスト」を自館の「闘病記」と照合することで,所蔵資料のみで「闘病記文庫」が設置可能か調査できます。図書館で収集された既存の蔵書群から本を抜いてくるだけで,「闘病記」をより活用できる状態にできるのです。

　図書館では,ベストセラー本のみを所蔵しているわけではなく,利用者の多様な読書要求に応えるために多角的な選書をしています。また,地域資料の収集などにも力を入れていることから,新規購入蔵書だけで設置された「闘病記文庫」と比べてみれば,多彩な「闘病記」を所蔵している可能性が高いといえます。ここに,図書館で比較的簡単に「闘病記文庫」を設置できるという私たちの主張のヒントがあります。

　「闘病記」を利用者が手にしたくても難しい場合があるのは,

流通上の問題があるからです。書店で売られているこの種の本は、比較的短期間で絶版になることが多く、初版の発行部数も少ないのが現状です。がんなど多くの人がかかる病気の本は、大手出版社から出版され部数も多く発行されます。その一方で、何万人に1人の難病に関する本はそれほど売れるとは予想できず、普通の出版社が出すことはほとんどなく、一般に流通しにくいため、自費出版が多くなり、「闘病記」として把握するのは現実的に困難です。このように利用者が出会える機会が少ないのが現状ですから、図書館が入手し提供する意義があるのです。

2.2 新規購入が困難な場合

　第Ⅱ部の「闘病記リスト」と照合して既存の資料から揃えるほかに、新規購入する方法も「闘病記文庫」設置への近道のひとつです。新規購入には、書店経由での購入が考えられます。しかし、新刊本でない場合や絶版・品切れのタイトルについては古書店で購入する方法があります。特に「闘病記」は、神田の古本街の専門古書店より、ブックオフなどの新古書店やネット古書店での購入がお勧めです。

　自費出版や地元出版社からの刊行などの場合、著者や出版社などに寄贈を依頼することも可能です。それでも入手できなかったら、図書館ネットワークを生かして、他の館からの相互利用でバックアップしてもらう手段もあります。

2.3 分類ラベル

「健康情報棚プロジェクト」では，背表紙の著者名を「闘病記」を読もうと判断する材料になる大事な情報と考え，できるだけ著者名を隠さないように，1段ラベルを提案しています。既存の蔵書に3段ラベルが貼ってある場合には，ラベルの上下のどちらかに1段ラベルを貼ることで，探しやすくなると思います。

もちろん，それぞれの図書館で，利用者が探しやすく，図書館職員が簡単に排架することができるという両方の条件を満たすような，独自の分類ラベルを考案していってもよいでしょう。

利用者が「闘病記」を探す手段として，背表紙の書名・著者名・出版社は重要な情報源です。できるだけ背表紙の情報を隠さないように1段ラベルを使い，色分けされた1段ラベルに病名と数字を記入し，棚見出しと連動するようになっています（図表8）。

【棚見出しの色分類の例】
　グレー　　がん
　赤　　　　心臓疾患
　青　　　　脳関係
　黄　　　　疾病・難病
　緑　　　　小児関係

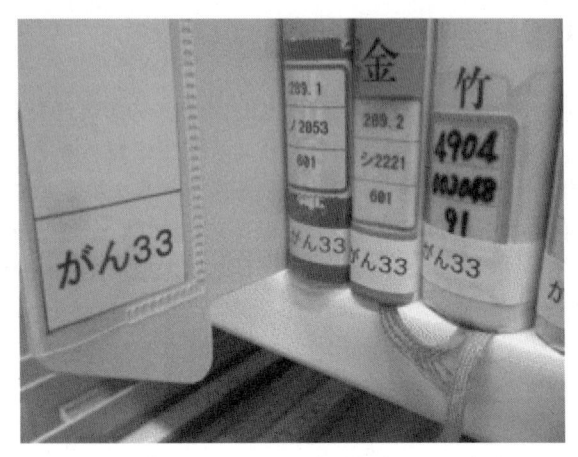

図表8　既存の3段ラベルに病名分類をつける方法もある

2.4 本の装丁（ブックカバー）

　先述したように，「闘病記」では，表紙カバーと帯は本の内容を知るための重要な情報源のひとつです。表紙には，著者や編集者の思い入れやこだわりが反映されています。中には，入院中に同室した患者に題字を書いてもらったり，闘病者本人が描いた絵を表紙にしたものもあります。また，帯からは簡単な内容の要約や，著者の職業，病名などを知ることもできます。さらには，著名人による推薦文や，映画やテレビドラマになった宣伝文が書かれていることもあります。

　「健康情報棚プロジェクト」では，この表紙と帯の情報を利用者に知らせるため，透明なブックカバーで装丁することも提案しています。「患者図書室」など，本が病棟で使われることが想定されるところでは，破損や汚れがあってもすぐに取

り替えられるブックカバーを採用することで、常にきれいな本を提供することが可能となります。

カバーと帯を捨てずに有効に活用することで、「闘病記」の価値が高まります。「闘病記」の帯とカバーを生かすことで、既存の分類ラベルでも十分活用できるのが、ブックカバーを使用することの強みです。

2.5 見出しと排架

「闘病記」を利用者に手にとってもらうためには、離れた場所からも、病名別の分類見出しが目立つことが理想的です。大分類として、出版点数が多いがん、脳関係、心臓関係をまとめて排架し、できれば色分けして、認識できるようにするとよいでしょう。さらに工夫する場合には、大分類で難病や精神病の項目を立てれば、より充実した棚になります。

ただ単に「闘病記」を1か所にまとめただけでは不十分です。「闘病記」らしいものをあちこちの書架から集めて「闘病記」コーナーをつくったとしても、それだけで利用者が使いやすいものになるわけではありません。

「闘病記」をまとめて排架して、著者名順、書名の五十音順、出版社順などを見せるようにしたとしても不十分です。この状態では、何の病気に関する本かわかりづらいからです。

利用者へわかりやすく供するためには、図書館としての工夫が必要です。「闘病記」を求めている患者は、自分と同じ境遇、体験、背景を持つ人の情報を知りたいのですから、病名分類で探せる工夫をすると効果的でしょう。

「闘病記文庫」の特徴である病名の棚見出しは、①がん、②

小児がん, ③疾病, ④脳関係, ⑤障害, ⑥心臓疾患, ⑦精神の7つのカテゴリーに分けています。さらに小分類で具体的な病名の見出しを提案しています（第Ⅱ部のリスト参照）。

リストには乳がんの「闘病記」だけで約160冊ありますが, ある難病については1冊だけのために見出しを用意しています。複数の病気を経験した「闘病記」には, 例えば,「肝臓がん／食道がん」という見出しをつくっています（図表9）。

図表9　1人で複数のがん体験をした闘病記も見出しで表記している
【滋賀・愛荘町立秦荘図書館】

2.6 排架場所・看板

「闘病記」が利用者に活用されるには,「闘病記文庫」の存在がわからなければなりません。多くの利用者に視覚的に訴えていくことが大事です。タイトルからはわかりにくい「闘病記」は, 大きなコーナー案内板がぜひとも必要で, 館内に

そうした表示がないと，せっかくつくったはずの「闘病記文庫」が，居並ぶ他の棚にまぎれて目立たなくなってしまいます（図表10・11）。

図表10　大阪厚生年金病院　患者情報室ラヴェンダー

図表11　大きなたて看板は，アピール度が高い【鳥取県立図書館】

どんな表示でもかまいませんが，表示にあたっては形式はさまざまでも，わかりやすく見やすいように文字フォントやポイントには十分注意してください。

3章 「闘病記文庫」の利用と運用

3.1 貸出・返却

「闘病記文庫」という常設コーナーを設置したり,企画展示を始めたとき,貸出をするかどうか意見の分かれるところです。公共図書館においては貸出することが望ましく,そのためにはほかの本と同様の貸出手続きができる装備をすることが必要と考えます。通常の貸出業務と同様に,バーコード処理で貸せるようにしておくことが好ましいと思います。蔵書データの登録をしない場合でも,手処理で貸出する方針が望ましいといえます。

返却にあたっては,通常の返却処理をして別置場所へスムーズに戻せることが必要です。そのためには,例えば,別置シールや色分けシールで識別させることも有効な方法です。

3.2 相互貸借・図書館ネットワークの活用

自館にない場合は,他館から取り寄せられることを,利用者がわかるようにしておくことが必要です。図書館の棚で具体的な病名分類がされていることで,利用者からは具体的な病気についての資料要求が出てきます。「闘病記文庫」を設置

することで，図書館は期待されるようになるのです。

「闘病記文庫」コーナーには，自館のみでなく，自分の自治体内の図書館の所蔵リストや関係のある図書館の「闘病記」リストを棚につるしておき，閲覧できるようにしておくと，利用者に多くの「闘病記」の選択肢を提示することができます。また，貸出中の「闘病記」が予約可能なことや，他館所蔵の「闘病記」を取り寄せられることも周知すれば，利用者に時間の節約とアクセスの保障をすることができます。

3.3 「闘病記文庫」への新刊書追加

本書第Ⅱ部に掲載されている「闘病記リスト」にないもの，今後発刊される新刊書については，各館で独自に分類したり，複数館で共同選書するなどが考えられます。病名が不明なものについては，医療関係者や保健所などに相談することもひとつの方法です。

「闘病記文庫」設置を考えた際，目標とする規模を想定して初期に一定の冊数を集めた後，第2段階として，病名や出版年を絞って，2, 3年計画で目標冊数に近づけることも可能です。新刊書や第2章の「2.1 所蔵調査と収集」を参考に，定点的に出版情報を観察することも重要です。

3.4 広報

「闘病記文庫」を設置したら，多くの人にその存在を知ってもらう必要があります。これまで公共図書館では，健康・医療情報を求められることは，あまりありませんでした。その

ため,せっかく図書館がそのような環境を用意しても,その存在が知られていなければ,利用できるものにはなりません。患者や家族だけでなく,将来の患者予備軍である健康な人にも,図書館に「闘病記文庫」があることを知ってもらうことが重要なのです。

　広報の具体的手段は,館内掲示・館内放送など図書館内だけのPRに止まらず,市民や首長部局,関係諸機関にも積極的に働きかけなければなりません。鳥取県立図書館では,県庁を通して県立病院や医師会に対して宣伝をし,多くの人に「闘病記文庫」を知らせる努力をしています。また,新聞等のマスコミにプレスリリースし,幅広く伝えてもらうことは,積極的に行ってください。メディアを使ったPRは,絶大な効果があります。

　また,「闘病記文庫」に愛称をつける図書館もあります。各館の特徴を前面に打ち出すことも効果的な方法です。

3.5　寄贈の申し出への対応

　「闘病記文庫」を設置し,それがマスコミ等で伝えられると,自費出版をした人や出版社から「闘病記文庫」に入れてほしいと,寄贈本が送られてくることがあります。「闘病記」の寄贈は基本的には善意のものであり,図書館としてはすべて受け入れた方がよいのかもしれません。ただし,「闘病記文庫」の質の保持のためには,むやみやたらと受け入れるのではなく,選書基準を作成して,図書館としてのポリシーを明確にする必要があります。

　「闘病記」の定義は,「病気と向き合った過程をつづった手

記」であると前述しましたが，寄贈された本の中には，次のような検討が必要なものも見られます。
・タイトルには病名がついているが，実際には病気のことがほとんど書かれていない。
・闘病をきっかけとした書き出しではあるが，自分の成功体験や仕事に関する内容が大半である。

上記のほかに，民間療法や宗教などを含んだもの，特定の健康商品の宣伝が入ったものなどもあります。こうしたものは「闘病記文庫」の定義と自館の選書方針に照らして，注意深く選書していく必要があるでしょう。

3.6 利用者からの質問

「闘病記文庫」を設置して公開すると，図書館員が具体的な病名についての質問・問合せを利用者から受けることが増える傾向が報告されています。公共図書館では，医学情報を専門にした図書館員がいないことから，医療者向け資料に関する問合せには回答できる範囲が限定されます。

でも，わからないからといって，拒否してはいけません。図書館の基本的な姿勢としては，利用者の質問をまずよく聞くことから始めてほしいのです。病気に関する質問は，医学的知識に精通していない者にとっては，直接的には大変聞きづらいものですが，じっくり相手の質問や話を聞くことで，利用者は図書館員への信頼感を持ってくれるようになります。そのことで，実際本当に知りたいことを聞いてくるようになるのです。

また，病気について，利用者自身も何を知りたいのかわか

らない場合があります。忙しいからといって、会話を途中で中断させたり、勝手にこちら側が病名を断定したりしないように心がけることが、利用者のニーズを把握する大事なポイントです。図書館に資料がない場合でも、「ありません」で帰すのではなく、レフェラルサービスなど、他機関や情報源へのナビゲートをぜひ実行してください。

3.7 病名が違うといわれた場合

利用者の中には、病気と何年もつきあっている患者のエキスパートや、患者会の運営者もいます。その人たちは図書館への期待が大きい分、仮に「闘病記」が間違った病名で分類されていると、図書館の棚や選書に関する信頼性を低下させることにつながりかねません。

図書館員は、医学的知識に精通しているわけではないので、間違ったとしても利用者はある程度はわかってくれています。利用者から指摘があった場合には、意見をいただいたことへのお礼とともに、ただちに見直しの検討を伝えて、誠実に対応することが、その後の利用につながっていきます。病名が間違っていた場合や、使用するには不適切な用語などが含まれていた場合には、福祉や医療の専門家、福祉・保健などの担当職員に助言を求めることもひとつの方法です。

病名分類をさらに詳しく細分化してほしいなどの要望があった場合は、分類に枝番をつけ加えることも有効です。

3.8 「闘病記文庫」Q&A

ここでは，「闘病記文庫」に関してよくある質問をまとめました。

Q. 病名が増えた場合，勝手に分類を増やしてもよいのですか？
A. 各館の判断で増やしていただいてかまいません。選択肢を多くすることが，サービスの向上につながります。どんどん増やしてください。
Q. 「闘病記」の定義は，各館で決めてもよいのでしょうか？
A. 「健康情報棚プロジェクト」としては，まず，「闘病記文庫棚作成ガイドライン」で示した定義を前提にしていただきたいのですが，必ずしもそれにとらわれることはありません。とはいえ，自館としての基本的なポリシーは，決めておく必要はあります。選書や寄贈に対する図書館の方針は，「闘病記文庫」開設の前に成文化し，図書館内で共通認識としておいた方がよいでしょう。
Q. 名称を「闘病記文庫」か「闘病記コーナー」にするか悩んでいます。「闘病記文庫」という呼称を使用するには，申請や許可がいるのでしょうか？
A. いりません。どうぞお好きにつけてください。
Q. 自館の独自分類を作成して使いたいのですが，よいでしょうか？
A. 問題ありませんが，大きな分類のどこに病名を入れるかは，慎重にするべきです。
Q. 「闘病記」に加えて，文学に見られる「闘病記」も一緒に

展示したいのですが，差し支えありませんか？
A. 差し支えありませんが，あまりに文学的色彩の強いものや著名な文学者の場合は「闘病記文庫」に置かない方がよいとの見解もあります。また，実名を出せないために，あえて小説の形をとった「闘病記」もありますから，柔軟に考えればよいでしょう。「闘病記文庫」に隣接して，闘病に関する文学作品を展示することも，利用者の関心を呼ぶために実行する意味はあるでしょう。
Q. OPACでは，病名から検索できるようにすべきでしょうか？
A. 件名検索で，病名から検索できれば利用者は助かります。ただし，病名で分類した件名で検索する場合は，若干の注意が必要になります。例えば，がんは，漢字の「癌」，カタカナの「ガン」などからでも参照できるように設定しないと実用的ではなくなります。「闘病記文庫」の棚はなくても，OPACで「闘病記」を検索できるようにした図書館も多数あります。

4章 「闘病記」と利用者の声

4.1 利用者の声を検証する

「闘病記」は，どのような人に，どのような形で利用されているのでしょうか。聖路加看護大学では，市民に向けて健康情報を提供する場として，東京メトロ築地駅近くの街角のビル1階に，通りがかりの人たちを対象とした健康ナビスポット「るかなび」を開設しています。ここは，医療専門職ボランティアによる面談や健康チェックのほか，一角に約1,500冊規模の「闘病記文庫」を設置しています。

「るかなび」では，この「闘病記文庫」について，2006年に質問紙調査によるアンケートを行いました。

調査の目的は，健康情報サービススポットにおける「闘病記文庫」の機能および健康情報としての「闘病記」の意義について検討するというものです。調査協力者114名のうち，「闘病記」を求める理由について回答があったのは複数回答を含み108件で，闘病者や疾病と向き合うためという回答が多く見られました（図表12）。

「闘病記文庫」の活用のしやすさについて「47.4％（27名）が『探したいものが見つかった』と応えている。また病名ごとに見出しをつけて『闘病記』を並べた棚については，『見つ

けやすかった』と答えた人が59.6％（34名），特に見出し板が役に立ったと答えた人は11名であった」とあります。

　健康情報としての「闘病記」の意義については，「調査結果から闘病記の読み手は，自分または近しい他者が病者である場合と，直接病者とは縁がない場合があった。前者の場合，病者本人あるいは自分以外の病者のためにその直面する状況を分析して，さまざまな選択の指針にしていた。また後者の場合は，書かれた闘病の経過を，生き方を考える契機としていた」とあります。

図表12　聖路加健康ナビスポット「るかなび」の調査結果
利用者が闘病記を求める理由

目的や意図を持っている	闘病者，あるいは疾病と向き合うため	①自分と同じ病名の闘病記を探して病気と向き合う経過を知りたかった	11
		②家族・知人と同じ病名の闘病記を探して病気と向き合う経過を知りたかった	13
		③病気をとりまくさまざまの環境から病人を理解するために	6
		④病人のこころに寄り添うために	9
	自分の生と向き合うため	⑤大切な人を亡くしたこころを癒すために	8
		⑥生きかたについて	12
	治療法の選択のため	⑦治療法の選択の参考	11
はっきりとした目的がない		⑧興味があった	25
		⑨ついでに	9
		⑩その他	4

このように，「闘病記」はさまざまな人にさまざまに読まれていることがわかります。同大学では看護学生に「闘病記」を読ませる授業も展開しており，「るかなび」を基点に「闘病記」を活用しています。

　「闘病記」は，どこの図書館にも所蔵されていることでしょう。この資料を「提供したい」という姿勢さえあれば簡単に実現が可能です。図書館のあちこちに散らばっていた本たちが，「闘病記」と看板をかけることで，認識されることになるのです。現在，図書館にあるものを1か所に集めて利用者の反応を見てから，拡張すべきか現状復帰するかを決めても何の損失もありません。

　医療情報サービスを始める一歩として「闘病記文庫・闘病記コーナー」を位置づけることも可能ではないでしょうか。

　もし「闘病記文庫」をやってみたいと思い始めたら，第2章の闘病記文庫作成方法と第Ⅱ部のリストをご覧ください。自館所蔵資料に意外と「闘病記」が隠れていることが判明するでしょう。身近なところに医療資源が潜んでいることに気づかないだけだったのかもしれません。

　次に，「健康情報棚プロジェクト」のメンバーである2人から，「闘病記」が必要とされる社会背景について，触れていただきました。このプロジェクトにかけたメンバーの思いを汲み取ってください。

4.2 闘病記を集める，届ける
――――闘病記専門古書店パラメディカ店主　星野史雄

「古書パラメディカ」は，難病の患者さんやそのご家族向けに医療関連書，とりわけ"闘病記"を集めたオンライン古書店です。健康情報棚プロジェクトには闘病記のリストを提供，情報面から協力しています。

店主が関東一円の新古書店をめぐり，9年をかけて1冊ずつ集めたパラメディカの在庫は1万冊あまり。そのうち闘病記はがん（悪性腫瘍）を"胃がん"など部位別112種に分類し973タイトル，がん以外の疾患が"糖尿病"など208種の病名別に1,115タイトル。ちなみに，闘病記の多い疾患としては乳がん116タイトル，胃がん91，肺がん78，脳卒中109，うつ病45，糖尿病36などが目立ちます（品切れ中も含む。2007年2月現在）。

店主が闘病記を集めはじめた動機は個人的な体験によるものです。乳がんの再発に苦しむ妻にどう接したらよいか，家族に何ができるのか，それを知るには「闘病記」が「患者からの症例報告」として参考になるのではと思ったのです。

しかし，「闘病記」という項目は十進分類にもISBNにも見当たらず，書名からも副題からも検索が困難なものが多くあります。情報が少ない難病で，同病者の体験を知りたいという患者さんも，闘病記の存在すら気づかないケースが多いのではないでしょうか。

そもそも「闘病記」は，著者がよほどの有名人でない限り，大手出版社から発行されることは少なく，大半は自費出版です。書店に並ぶ機会も少なく，いずれ断裁もしくは死蔵され

るケースが多かったはずです。新刊書店で購入可能な闘病記は，ごく一部に過ぎません。パラメディカが「古本屋」でなければならなかったのはこの点によります。

闘病記を病名から検索できるようにするためには，本文に目を通す必要があります。書名や副題に正確な「病名」が記載されているケースは稀です。例えば「滑膜肉腫」の闘病記であっても，タイトルには「小児がん」という大きな分類しかないのが普通です。しかし，「滑膜肉腫」の患者さんやご家族は，「骨肉種」ではなく「滑膜肉腫」の闘病記を読みたいのです。さらに闘病記を読んでいると，途中で医師の診断が変わっている場合があります。難病ほど「確定診断」が難しく，本当は病理検査の結果を読むまで安心できないと言ったら，読者の反応としては少し大げさでしょうか。

パラメディカの闘病記リストは，まだ検討中の個所もあります。開店当初は「白血病」と一括していた闘病記は「急性・慢性」「リンパ性・骨髄性」の区別を明示，小児の病は患児の年齢を少しずつ加えています。

医学は日進月歩です。「治療法はどんどん進歩していくから，古い闘病記は参考にならないのでは？」と質問されることがありますが，患者や家族が知りたいのは，同じ病気を体験した人が病名を告げられたときや，人生の"終点"が視野に入ってきたときの気持ちなのです。

病んだ人がどのようにその病気と向き合ったのか，どんな気持ちの動きがあったのかを知りたいと思う人は多いことでしょう。闘病記のどこかに自分と同じ思いを感じ取る，病に苦しんでいるのは自分ひとりではないと知ることは，読書療法としても有効だと感じています。

パラメディカは個人が運営する，ささやかな古本屋に過ぎません。品切れ中の本も数多くあり，個人でできることに限界も感じていますので，全国の図書館に"闘病記文庫"が広がることを祈念しております。

4.3 医療動向とナラティブ
――――――元・大阪府立大学看護学部講師　和田恵美子

　「患者・市民が主体・主導の医療」といわれてから久しく，患者・家族の権利意識が高まり，これまでのように，自らが受ける医療に対して受け身ではなくなってきました。従来，専門家集団の手にあったともいえる医療サービスについて，具体的に，一般市民がどのように参加すればよいか，その方法が見えてきたといえるでしょう。

　このような中，さまざまな分野において"ナラティブ"（「語り」と訳される）という言葉が登場しました。特に，医療においては，「患者の語り」としてとりあげられ，そこには，患者にとって医療本来のあり方を見つめなおそうという意義がこめられているといえます。医療技術の進歩と高度化のため，医療者にはゆっくり患者の声に耳を傾ける余裕がありません。しかし，本当に市民や患者が必要とするニーズは，最新の医療動向や経済事情だけではなく，当事者の声そのものの中にしかない，そこへの回帰ともいえるかもしれないのです。

　一方，一般的に「闘病記」といわれるジャンルは，古くからありました。「闘病記」は，もともとは，執筆を生業とする者の出版が主であったころから，1980年代以降は，一般市民発のものが増えていったのです。その理由は，自費出版への

関心の広がり，また，インターネットでのブログという，個人表現の普及があげられるでしょう。人間にとっての生老病死という，普遍的な問題に即していえば，「闘病記」は，人の一生に関する物語の集大成であるといえます。

　これら医療の動向と，「闘病記」とは，無関係ではありません。もし自分が病気になったとき，その病気について，どんなことを知りたいと思うでしょうか。これまでは「先生の言うことさえ守っておけばよい」という姿勢が一般的だったのかもしれませんが，前述のとおり，医療経済がひっ迫し，入院の短期化が図られるようになった今，必要な情報は自分で得る努力が必要となっているのです。その際に，同じ病気を患った先輩が何を思い，どのような生活を送ったかが書かれている「闘病記」が役に立つことはいうまでもありません。これが，"「闘病記」は，患者発の症例報告"といわれる意味なのです。先輩患者とて，最初はその病気の初心者だったのです。"自分のからだは自分で守る"という賢い患者になることが求められ，また，患者当事者の声が医療の中心になりつつある今，「闘病記」が必要とされるのは，必然であるとさえ思えます。

　また，すでに「闘病記」が多く読まれているのは，患者の気持ちを知りたいという理由が大きいからです。病気になれば誰でも衝撃を受け，戸惑い，家族ともに不安にさいなまれる日々を送らざるをえません。自分自身や家族が崩壊する，そんな危機に直面する場合さえあるのです。しかし，その過程も間違ってはいなかった，決して私だけではなく皆が通る道なのだ，それを含めて，今の自分があることを知ることができるのです。不条理な病気を受けとめ，病気になったこと

を含めて，現在の自分が存在することの確認作業としての，「闘病記」には，そんな追体験の機能が含まれています。そして，医療の高度化が進み，本来必要だった心のケアが不足しているのか，「闘病記」を必要とする人の中には，そんな病気の苦しさに対する共感を求めて，という人も多いのです。

5章 「闘病記文庫」から広がるサービス

5.1 「闘病記文庫」からの発展

　「闘病記文庫」を設置した後,次の段階はどのような発展が考えられるでしょうか。本章では,「病名分類」をキーワードに資料提供の幅を広げる方法を紹介します。

　患者が求める医療情報の範囲自体は必ずしも明確ではありません。そのため,図書館ではさまざまな資料を組み合わせ,見せ方を工夫することで,試行錯誤していくことになろうかと考えます。もちろん基本的な蔵書は医学書となるでしょう。ほかにも講演会やパネル展示,新聞の医療記事のスクラップなど,手法はいくらでもありそうです。地域の医師や看護師,患者会代表者を交えた「医療情報委員会」などを立ち上げて協力しあっていくこともひとつです。

　「医療情報コーナー」への第一歩として,「闘病記文庫」を位置づけた場合の次の展開は,身近な資料を医療資源に位置づけ,「市民・患者に問う」ということではないでしょうか。そのような試行錯誤を経なければ,図書館における医療情報サービスが定着し,本当に役立つ情報提供ができるとはとうてい思えないのです。

5.2 「情報の串刺し」から「健康情報棚」へ

1章で説明した医学情報と生き方情報の両者を提供する必要を現物の棚で発展させることは、比較的容易だという仮説を立ててみます。「闘病記」と「医学情報」を統合することは、現物の棚では案外簡単にできると思われるのです。

その方法は、「闘病記」に加え、同じ病名の資料を加えて統合した棚として提供することです。病名の見出しのもとにさまざまな「情報の串刺し」（図表13）を行い、「闘病記」にプラスして、介護記、患者会資料、医学書、福祉・社会保障の情報等を連結します。「健康情報棚プロジェクト」では、この棚を「健康情報棚」（図表14）と呼称しています。

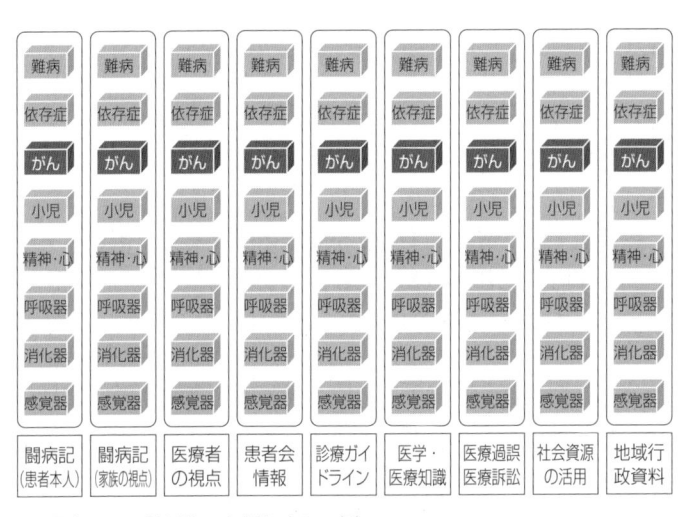

図表13　「情報の串刺し」の一例：
　　　　がんに関するさまざまな資料を一つの棚で入手する

5章　「闘病記文庫」から広がるサービス……41

図表14 「健康情報棚」のイメージ(乳がん)

「健康情報棚プロジェクト」というグループ名は，活動の最終目標をあらわす設置運動の呼称と同一名になっています。

第Ⅱ部の「闘病記リスト」には約280の病名に分類された書名があげられています。この闘病記文庫の病名の見出しに，病名分類を入れ込むことで，多様な資料を1か所で効率的に手にとることが可能になるでしょう。

患者個々人に情報入手をまかせるのではなく，情報リテラシーのない"患者初心者"用に，必要な情報が集約・加工されていればあちこち探し回らなくてもよいでしょう。"患者初心者"は，情報が多すぎると選択や読み解くことが困難になる場面も多く見られます。このことから，情報をある規模でパッケージ化する必要があります。先輩患者の知恵や医療情報に容易に触れることができる「本棚」があれば，とりあえずの情報を入手できるのです。これが「健康情報棚プロジェクト」の考える「情報の救急箱」です。しかもその本棚が1

か所だけでなく，各地の公共図書館や病院の一角に「医療情報コーナー」として，誰でも気軽に訪れる場所に設置できれば，病気に戸惑う初期の段階で，必要な情報へのアクセスを保障できると考えます。

そのためには，自分の病気に対して理解度もさまざまな患者に対して，地理的・経済的に情報入手の格差がない情報環境が公的に設置されていく必要があるでしょう。情報入手のスキルを持ちえない人たちの障壁をできるだけ低くするため，さまざまな医療資源を病名別に集約・分類するのです。私たちのプロジェクトが公共図書館にターゲットを定めたわけは，今全国に約3,200か所存在するためです。新たに施設をつくる実現不可能な計画を夢想するのではなく，図書館や病院のスペースに「医療情報コーナー」が設置されれば，継続的にサービスができると考えたからなのです。

さらに医学情報と生き方情報の提供に加え，病気の全体像を見渡すことのできる地図があれば，自分の現在の立ち位置や将来を眺められ，先行き不安な患者の心労が少しは軽減されると考えられます。同時に情報が必要となるタイミングと回答源も提示されれば，病気への理解度が格段に向上するのではないでしょうか。

「健康情報棚プロジェクト」は，現物資料を実際に手にとって眺めることのできる情報提供の実現を目指しています。先輩患者の闘病の流れに沿った情報提供の実現を視野に入れ，「ライフマップ」という手法を開発しています（参考文献参照）。ライフマップの位置づけは「闘病ノウハウが凝縮した選書ツール」です。いわば「究極の棚」と位置づけています。

このように患者経験を情報源と結びつけ，さまざまな疾患，

生活上の課題解決に統合した情報を横軸や縦軸で活用することが可能になります。

最後に,「健康情報棚プロジェクト」の全体構想をご紹介します(図表15)。あくまでも構想ですが,図書館が利用者と資料を丁寧に見ていく限り,医療情報コーナーが大きく広がると信じています。医学書提供を目標とするコーナーから,さらに飛躍する可能性があることを感じていただければ幸いです。

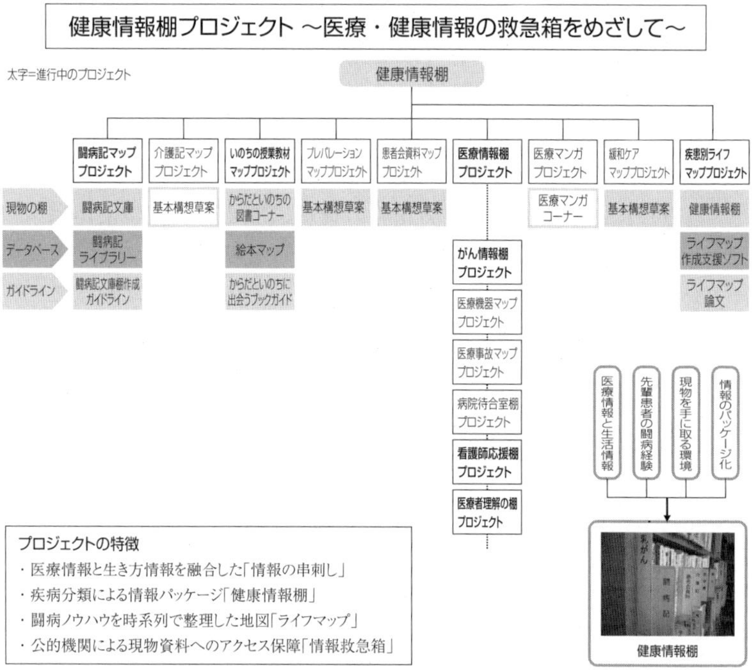

健康情報棚プロジェクト ～医療・健康情報の救急箱をめざして～

太字=進行中のプロジェクト

健康情報棚
- **闘病記マップ プロジェクト**
  - 現物の棚: 闘病記文庫
  - データベース: 闘病記ライブラリー
  - ガイドライン: 闘病記事翻作成ガイドライン
- 介護記マップ プロジェクト
  - 基本構想草案
- **いのちの授業教材 マッププロジェクト**
  - からだといのちの図書コーナー
  - 絵本マップ
  - からだといのちに出合うブックガイド
- プレパレーション マップ プロジェクト
  - 基本構想草案
- 患者会資料マップ プロジェクト
  - 基本構想草案
- **医療情報棚 プロジェクト**
  - **がん情報棚 プロジェクト**
  - 医療機器マップ プロジェクト
  - 医療事故マップ プロジェクト
  - 病院待合室棚プロジェクト
  - **看護師応援棚 プロジェクト**
  - **医療理解の棚 プロジェクト**
- 医療マンガ プロジェクト
  - 医療マンガコーナー
  - 基本構想草案
- 緩和ケア マッププロジェクト
- **疾患別ライフ マップ プロジェクト**
  - 健康情報棚
  - ライフマップ作成支援ソフト
  - ライフマップ論文

→ 医療情報と生活情報 / 先輩患者の闘病経験 / 現物を手に取る環境 / 情報のパッケージ化 → 健康情報棚

プロジェクトの特徴
- 医療情報と生き方情報を融合した「情報の串刺し」
- 疾病分類による情報パッケージ「健康情報棚」
- 闘病ノウハウを時系列で整理した地図「ライフマップ」
- 公的機関による現物資料へのアクセス保障「情報救急箱」

図表15 健康情報棚プロジェクトの全体像

〔健康情報棚プロジェクトの情報提供の方針〕
① 公共施設で現物資料を直接手にとる環境整備(棚の設置)
② 医療情報と生活情報の両方を提供(患者視点の情報提供)
③ 闘病ノウハウの社会化(病名分類による中継地点の創設)
④ 病名のもとにさまざまな資料を集約(情報の串刺し)
⑤ 患者初心者に焦点を絞ったアクセス保障(情報の救急箱)

第 II 部

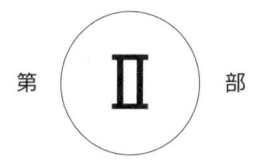

闘病記リスト

凡例
1. がん
2. 小児がん
3. 疾病
4. 脳
5. 障害
6. 心臓
7. 精神

【凡例】

1. 編集方針

① 基本的な編集方針については，健康情報棚プロジェクト編『闘病記文庫　棚作成ガイドライン　第1版』（2006年）の闘病記リストの表記を踏襲しました。すべての闘病記を網羅するものではありません。

② 本リスト掲載の「闘病記」を「病いと向き合った過程（プロセス）を綴った手記」とし，「健康情報棚プロジェクト」でその定義に沿ったものをリストにあげています。

　なお，リストには，2010年6月末まで調査した闘病記を収録しています。

③ 「闘病記」の病名分類は，原則として個々の「闘病記」に記してある疾病名称に従っています。複数以上の疾病がある場合は，できるだけ併記したものを分類としました。

④ 書名は，図書館で通常使われる目録標記をとっていません。書店や図書館の棚で本の表紙や背表紙を見て，人が直感的にわかる書名を標記しています。

2. 配列

① 各病名分類の中の配列は，基本的に発行年順です。ただし，単行本とその続編，文庫本化したもの等は，書名または著者名で名寄せを行っています。

3. 分類

① 7つのカテゴリーに大分類し，その中を病名で分類しています。
② 「がん1」，「がん2」…等の分類は，「健康情報棚プロジェクト」

が提唱する病名分類で，必ずしも強制するものではありません。それぞれの館のコーナー設置の趣旨により，適宜改変等されてもかまいません。
③ 将来的な病名の増加に備えて，「がん1　乳がん」，「がん2　乳がん・卵巣がん」……などの病名の後の数字に1桁プラスし，分類を展開する方法もあります。
　　（例）「がん10　乳がん」，「がん20　乳がん・卵巣がん」
　　　※新設の場合「がん11　乳がん・脳卒中」など
④ 「小児がん」の分類については，本の増加など場合によっては，さらに分類を細分化することが可能です。
⑤ 「脳腫瘍」は「4. 脳」を参照ください。
⑥ 「疾病129」の「ユニークフェイス」は，病名ではありません。

4. その他
① 本リスト以外にも，「闘病記」はたくさん存在します。
② 本リストの分類は，利用者がわかりやすいように「健康情報棚プロジェクト」の方針によって分類したもので，あえて日本十進分類法（NDC）等に準拠したものにはなっていません。

1. がん

■がん分類表

分類	病名
がん 1	乳がん
がん 2	乳がん・卵巣がん
がん 3	乳がん・胃がん
がん 4	乳がん・胃がん・食道がん
がん 5	乳がん・白血病
がん 6	乳がん・肺がん
がん 7	子宮がん
がん 8	絨毛がん
がん 9	子宮がん／腎臓がん
がん 10	子宮がん／肝臓がん
がん 11	子宮体がん
がん 12	卵巣がん
がん 13	卵巣がん／大腸がん
がん 14	絨毛膜がん
がん 15	外陰がん
がん 16	婦人科系がん
がん 17	睾丸（腫瘍）がん
がん 18	精巣がん
がん 19	前立腺がん

がん 20	前立腺がん／胃がん／大腸がん
がん 21	甲状腺がん
がん 22	肺がん
がん 23	肺がん／胃がん
がん 24	肺がん／食道がん
がん 25	肺がん／MRSA
がん 26	肺がん／心筋梗塞
がん 27	肺がん／大腸がん
がん 28	悪性胸膜中皮腫
がん 29	腺がん
がん 30	胸腺がん
がん 31	胃がん
がん 32	胃がん／膀胱がん
がん 33	胃がん／舌がん
がん 34	胃がん／食道がん／咽頭がん
がん 35	十二指腸がん
がん 36	胆管がん
がん 37	胆嚢がん
がん 38	肝臓がん
がん 39	肝細胞がん
がん 40	肝臓がん／食道がん
がん 41	肝臓がん／白血病
がん 42	膵臓がん
がん 43	腎臓がん
がん 44	副腎がん／顎下腺腫瘍
がん 45	上顎がん
がん 46	上顎がん／横紋筋肉腫

がん47	舌がん
がん48	舌がん／乳がん
がん49	舌根部腫瘍
がん50	扁平上皮がん
がん51	喉頭がん
がん52	喉頭がん／食道がん
がん53	咽頭がん
がん54	咽頭がん・乳がん
がん55	口腔がん
がん56	鼻中隔がん
がん57	食道がん
がん58	食道がん／口腔がん
がん59	食道がん／胃がん
がん60	大腸がん
がん61	大腸がん／胃がん
がん62	小腸がん
がん63	結腸がん
がん64	虫垂がん（盲腸がん）
がん65	直腸がん
がん66	膀胱がん
がん67	膀胱がん／胃がん
がん68	膀胱がん／前立腺肥大／脳梗塞
がん69	小腸肉腫
がん70	肉腫
がん71	繊維肉腫
がん72	血管肉腫
がん73	横紋筋肉腫

がん 74	平滑筋肉腫
がん 75	軟骨肉腫
がん 76	脊索腫
がん 77	脊髄腫瘍
がん 78	骨肉腫
がん 79	悪性黒色腫
がん 80	鼻腔悪性黒色腫
がん 81	嗅神経芽細胞腫
がん 82	悪性絨毛上皮腫
がん 83	悪性リンパ腫
がん 84	未分化小細胞がん
がん 85	ホジキン病（注：悪性リンパ腫の一種。）
がん 86	ユーイング肉腫
がん 87	軟部肉腫
がん 88	ウイルムス腫瘍
がん 89	結合組織腫瘍
がん 90	大腿腫瘍
がん 91	胚細胞性腫瘍
がん 92	血管腫
がん 93	神経内分泌腫瘍
がん 94	骨溶解性悪性血管腫
がん 95	脊髄がん
がん 96	多発性骨髄腫
がん 97	鎧状がん
がん 98	リンドー病
がん 99	白血病
がん 100	骨髄異形成症候群

がん 101　骨髄異形成症候群／腎不全／髄膜瘤
がん 102　白血病／脳腫瘍
がん 103　白血病／心筋症
がん 104　がん（詳細不明）

分類		書　名	著者名	出版社	発行年
■乳がん					
がん1	1	チーちゃんごめんね	成田敦子	光風出版	1976
	2	もうひとつのガン	直原清夫	PHP研究所	1979
	3	微笑よ永遠に	山口卓蔵	学習研究社	1981
	4	がん病棟の隣人	中島みち	毎日新聞社	1981
	5	がん病棟の隣人	中島みち	文春文庫	1987
	6	誰も知らないあした	中島みち	文春文庫	1986
	7	誰も知らないあした	中島みち	時事通信社	1991
	8	がんからの出発	ワット隆子	医学書院	1983
	9	ガンと生きる　けっしてあきらめないで	ワット隆子	文化出版局	1983
	10	ガンと生きる　けっしてあきらめないで	ワット隆子	あけぼの会	2003
	11	私たちは生きる	ワット隆子編	同朋社	1986
	12	がん患者に贈る87の勇気	ワット隆子	草思社	1987
	13	がん患者の憧れ－ホスピスってどんなところ？－	ワット隆子編	光雲社	1989
	14	私たちは闘う	ワット隆子編	あけぼの会	1998
	15	命をありがとう	奥村光子	講談社	1983
	16	たたかいはいのち果てる日まで	向井承子	新潮社	1984
	17	if（イフ）	ギデスケ・アンダソン	潮出版	1984
	18	絆－星の子守唄－	田中育美	自費出版	1985
	19	わが命のしずくなれば	田中育美	長征社	1986

分類		書　名	著者名	出版社	発行年
がん1	20	乳房よかえっておいで	玉谷直美	春秋社	1986
	21	病と闘う心	今井俊子	メヂカルフレンド社	1986
	22	乳ガンなんかに敗けられない	千葉敦子	文春文庫	1987
	23	昨日と違う明日を生きる	千葉敦子	角川文庫	1988
	24	わたしの乳房再建	千葉敦子	文春文庫	1988
	25	『死への準備』日記	千葉敦子	朝日文庫	1989
	26	『死への準備』日記	千葉敦子	文春文庫	1991
	27	ニューヨークでガンと生きる	千葉敦子	文春文庫	1990
	28	よく死ぬことは，よく生きることだ	千葉敦子	文春文庫	1990
	29	わたしは生きたい！	ジル・アイランド	フォーユー	1987
	30	ライフライン	ジル・アイランド	NTT出版	1991
	31	乳房なくとも	持永珪子	自費出版	1987
	32	生き急ぎの記	堀越富江	南斗書房	1988
	33	癌告知のあとで	鈴木章子	探究社	1989
	34	いのち咲かせて	鈴木章子	同朋社出版	1994
	35	癌告知のあとで	鈴木章子	探究社　新書版	2000
	36	忘れ得ぬ患者さん達へ	乳がん懇話会	日本小児医事出版社	1989
	37	乳がんからの生還	乳がん懇話会	日本小児医事出版社	1990
	38	十年目のマニキュア	岡添純子	双葉社	1990
	39	たたかいはいのち果てる日まで	向井承子	ちくま文庫	1990
	40	乳ガンをかかえて生きる女たち	山中登美子	廣済堂	1990
	41	乳がんのうた	市井ノリ子	保健同人社	1990

分類		書名	著者名	出版社	発行年
がん1	42	癌よ，あばれないで	石濱　貞	自費出版	1990
	43	ガンを生きる	佐々木妙子	探求社	1990
	44	夕べに死すとも	池島萬紀子	編集工房ノア	1991
	45	一年ののち	三樹世津子	創風社	1991
	46	病める人々へのテスタメント（遺書）	洲脇絢子	看護の科学社	1991
	47	乳房光れり	大井洋子	佼成出版社	1992
	48	わが乳房を夫に	堀江きょうこ	毎日新聞社	1992
	49	いくつもの愛につつまれて	沼尻素子・沼尻重男	扶桑社	1992
	50	アマゾネスのように	中島　梓	集英社	1992
	51	花は散らない	小椋康成	彌生書房	1992
	52	乳がん　乳房温存療法の体験	イデアフォー	時事通信社	1993
	53	ガンと笑って闘う法	ジョイス・ワドラー	講談社	1993
	54	乳がんに負けない	浅石和昭監修	乳がん患者の会	1993
	55	いのちの声　失うことは生かされること	遠藤郁子	海竜社	1994
	56	いのちの響き　みえるものみえないもの	遠藤郁子	海竜社	1998
	57	その瞬間まで	古越富美恵	銀河書房	1994
	58	乳房再建	三島英子	小学館	1995
	59	乳房再建	三島英子	小学館文庫	1998
	60	患者からのカルテ	佐原蓉子・佐原竜誌	エミール社.ルック	1995
	61	ガン　わたしは幸福に死ぬ	御手洗佑美	主婦の友社	1995
	62	元気よ!	菊地光代	麦秋社	1996
	63	メイド・イン・シンガポールのおっぱい	内田絵子	教育史料出版会（北水）	1996
	64	愛のかたち	小松　淑	自費出版	1996

分類		書名	著者名	出版社	発行年
がん1	65	彼女のこと	中谷勝宏	近代文藝社	1996
	66	がんを道連れに13年	宮尾茂子	未来社	1997
	67	癌と私の共同生活	俵　萌子	海竜社	1997
	68	天国なんか待たせておけ！	エリザ・セグレイヴ	三田出版会	1997
	69	女医が乳がんになったとき	小倉恒子	創樹社	1997
	70	女医が乳がんになったとき	小倉恒子	ぶんか社文庫	2005
	71	あなただって「がん」と一緒に生きられる	小倉恒子	KAWADE夢新書（河出書房新社）	2002
	72	怖がらないで生きようよ	小倉恒子	講談社	2003
	73	Will －眠りゆく前に	小倉恒子	ブックマン社	2006
	74	乳がんの女医が贈る乳がんが再発した人の明るい処方箋	小倉恒子	主婦の友社	2009
	75	乳がんが生きる力をくれた	能城律子	宙出版	1997
	76	妻をガンから取り戻した記録	大西央士	ダイヤモンド社	1997
	77	神さま命をありがとう	松本ゆき子	せせらぎ出版	1997
	78	春生（はるみ）	三谷春生	たま出版	1998
	79	フランス流乳ガンとつきあう法	木立玲子	朝日新聞社	1999
	80	最後のプロポーズ	にしきのあきら	ザ・マサダ	1999
	81	癒す力はあなたの胸に	エリザベート・リュック・ハイデ	春秋社	1999
	82	さよならはまだ言わない	ルース・ピカディ	NHK出版	1999
	83	天使のノック	泉　アキ	ゴマブックス	1999
	84	心はいつも元気印	小澤裕子	自費出版	1999
	85	グレース＆グリット　上	ケン・ウィルバー	春秋社	1999

分類		書 名	著者名	出版社	発行年
がん1	86	グレース&グリット　下	ケン・ウィルバー	春秋社	1999
	87	アメリカで乳がんと生きる	松井真知子	朝日新聞社	2000
	88	死を怖れる人たちへ	藤井禮子	講談社	2000
	89	乳ガン医師選択権（ドクターズショッピング）	中濱潤子	小学館文庫	2000
	90	死亡率百パーセントを生きる	木原武一	新潮社	2000
	91	スマイル	土居伸光	光文社	2000
	92	乳ガン全摘手術	伊藤敏子	健友館	2000
	93	自分でつくった癌だから	玉田由紀子	文芸社	2000
	94	ありがとう　そして　さよなら	長廻和子	自費出版	2000
	95	死んでも大丈夫!!-いつでも逢える	永井和子	文芸社	2000
	96	生還第一号になるんだ!	笠井啓作	ダブリュネット	2000
	97	ドキュメント　癌発見から	木皿拓紀	健友館	2000
	98	オレンジ色のバラ　もう一度役に立ちたい	守屋祥子	自費出版	2000
	99	おっぱいが二つほしい	内田絵子	北水	2001
	100	亡き娘に語る	鶯田伊三男	文芸社	2001
	101	今日も元気で	井出眞知子	北水	2001
	102	踊りながら私はいこう	上原久美子・一治	南方新社	2002
	103	がんから教わるワンショットセラピー	中本雅子	文芸社	2002
	104	生きたい	壽福二美子	自費出版	2002
	105	がん日記　1993-2001	壽福（川北）二美子	文芸社	2004
	106	命あらたに	古田昭子	文芸社	2002
	107	パリのおっぱい日本のおっぱい	木立玲子	集英社be文庫	2003

分類		書 名	著者名	出版社	発行年
がん1	108	彼女が乳がんになって考えた	ブレンダン・ハルピン	ソニーマガジンズ	2003
	109	がんと一緒にゆっくりと	絵門ゆう子	新潮社	2003
	110	がんと一緒にゆっくりと	絵門ゆう子	新潮文庫	2006
	111	がんでも私は不思議に元気	絵門ゆう子	新潮社	2005
	112	絵門ゆう子のがんとゆっくり日記	絵門ゆう子	朝日新聞社	2006
	113	今日と明日のはざまで	大山和栄	星湖社	2003
	114	乳がん 私の決めた生き方	宮田美乃里	リヨン社	2003
	115	ふたつのガンを乗り越えて	杉山喜美子	岐阜新聞社	2003
	116	乳がんなんてやっつけろ!!	三好 綾	新風舎	2003
	117	がんになってきこえた唄	福谷 歩	日本文学館	2003
	118	乳がんはなぜ見落とされたのか	山口真理子・朝日新聞「乳がん検診」取材班	朝日新聞社	2004
	119	がんだから上手に生きる	田原節子	海竜社	2004
	120	妻の乳房	村井国夫・音無美紀子	光文社	2004
	121	部屋とYシャツと「私の真実」	平松愛理	集英社be文庫	2004
	122	乳がんなんかで泣かない	リボンの会	扶桑社	2004
	123	闘癌放浪記	岸本英雄	近代文芸社	2004
	124	のぞみを胸に	浜中和子	ガリバープロダクツ	2004
	125	おっぱいの詩	大原まゆ	講談社	2005
	126	永遠へ	横内美知代	ソニーマガジンズ	2005
	127	海になりたい	濱上ゆうこ	新風舎文庫	2005
	128	胸,はって行こ!	辻沢菜王子	新風舎	2005

分類		書名	著者名	出版社	発行年
がん1	129	まんが おっぱいの涙	野口弓子,協力:田村遥	ぶんか社	2005
	130	人ごとでいられますか？乳癌	松 翠	朱鳥社	2005
	131	ミケの乳がん物語	今村ミケ	新風舎	2005
	132	ぽっかり穴のあいた胸で考えた	高橋フミコ	パジリコ株式会社	2006
	133	乳がんは女たちをつなぐ	大津典子	藤原書店	2006
	134	わたしが口紅をつけた理由	ジェラリン・ルーカス	クロチャント出版	2006
	135	生きてきたように死んでいく	宮崎敦子	新風舎	2006
	136	わたしは風にのって	田村まり子	文理閣	2006
	137	ウィズ・ユー	土橋弘達	東洋出版	2006
	138	妻の余命	仁科滋夫	幻冬舎ルネッサンス(ルネッサンスブックス)	2006
	139	まんが おっぱいがたいへん!!	さかいひろこ	NHK出版	2007
	140	乳がんの歩き方	田村まり子・二松啓紀	文理閣	2007
	141	がんをポジティブに生きる	寺田佐代子	新風舎	2007
	142	余命1ヶ月の花嫁	TBS「イブニング・ファイブ」編	マガジンハウス	2007
	143	余命1ヶ月の花嫁	TBS「イブニング・ファイブ」編	マガジンハウス文庫	2009
	144	「キレイに治す乳がん」宣言!	山崎多賀子	光文社	2007
	145	「いのちの授業」をもう一度	山田 泉	高文研	2007
	146	友へ 乳がん報告書	横山真智子	新風舎	2007

分類		書名	著者名	出版社	発行年
がん1	147	かえるノート 乳がんになって私が選んだ道	かえる監修,花田和典絵,秋月真由美	知玄社	2007
	148	知っておきたい乳癌	関口礼子	リベルタ出版	2007
	149	がんing マイウェイ 経験をプラスに変えてきた私の闘病Q&A	藤本真知子	同時代社	2007
	150	この夏-乳がんとのおつきあい:患者学資料	竹井和子	文芸社	2007
	151	34歳でがんはないよね?	本田麻由美	エビデンス社	2008
	152	大丈夫だよ,がんばろう!	山田邦子	主婦と生活社	2008
	153	支え 乳がんからの生還	森下雅美,森下里美(アン☆ドゥ)	講談社	2008
	154	その夏,乳房を切る めぐり逢った死生観	篠原敦子	創栄出版	2008
	155	東京タワーがピンクに染まった日	アグネス・チャン	現代人文社	2008
	156	「死の淵」から	原　宏子	新生出版	2008
	157	ソプラノナース乳がん奮闘記-合唱団の仲間へ-	四戸由香	らくだぶっく(文庫版)	2008
	158	がけっぷちナース がんとともに生きる	山内梨香	飛鳥新社	2008
	159	ずっとママでいたい	毎日放送「VOICE」編	双葉社	2008
	160	おっぱいさよなら記念日	藤原直子	新風舎	2008
	161	風のつらら	柴沢真也	鳥影社	2009

■乳がん・卵巣がん

分類		書名	著者名	出版社	発行年
がん2	1	わたしが「がん」になったとき	広野光子	イーストプレス	1995
	2	癌からのストレス脱却へ	前田　和	近代文藝社	1995

分類		書　名	著者名	出版社	発行年
がん2	3	きっと良くなる必ず良くなる	広野光子	PHP研究所	1998

■乳がん・胃がん

分類		書名	著者名	出版社	発行年
がん3	1	夫婦に白髪は儚き夢よ	岡崎　晃	文芸社	1999

■乳がん・胃がん・食道がん

分類		書名	著者名	出版社	発行年
がん4	1	大空真弓,「多重がん」撃退中！	大空真弓・大谷克弥・大野秀樹	宝島社	2005

■乳がん・白血病

分類		書名	著者名	出版社	発行年
がん5	1	ベター・ハーフ	西川永幹	ごま書房	1998

■乳がん・肺がん

分類		書名	著者名	出版社	発行年
がん6	1	命をみつめて	英　みち	新風舎	1999
	2	ミーさんゴメンねそしてありがとう	さいとう豊人	新風舎	2005

■子宮がん

分類		書名	著者名	出版社	発行年
がん7	1	エプロンが消えた朝	鎌田邦彦	主婦の友社	1983
	2	ですから私達は勇気を失いません	尾城かね	自費出版	1989
	3	あねいもうと	仁科幸子	KKベストセラーズ	1992
	4	先生，私のガンは治るの？	新堂のぶ子	祥伝社	1992
	5	がんに克ち，ヨーガに生きる	井坂津矢子	恒友出版	1994
	6	子宮ガン…生きるための私の選択	芥　真木	小学館	1995
	7	いのち煌いて	仁科明子	小学館	1996
	8	母への詫び状	桐生ゆう子（絵門ゆう子）	祥伝社ノン・ポシェット	1997
	9	母への詫び状	桐生ゆう子（絵門ゆう子）	オフィス梵（文庫版）	2003

分類		書　名	著者名	出版社	発行年
がん7	10	はいっ！ガンの赤星です!!	赤星たみこ	扶桑社	1997
	11	はいッ！ガンを治した赤星です	赤星たみこ	扶桑社文庫	2000
	12	女ひとりがんと闘う	アンリ菅野	青春出版社	1999
	13	16週あなたといた幸せな時間	向井亜紀	扶桑社	2001
	14	16週あなたといた幸せな時間	向井亜紀	扶桑社文庫	2002
	15	今を生きる　ガン病床から興福寺北円堂まで	茜千津子	文芸社	2001
	16	末期がん宣告を受けとめて	石本左智子	EPIC	2002
	17	旅立ち　子宮ガンをのりこえて	安藤美智子	文芸社	2003
	18	私，延命治療はしません	戸田和子	リヨン社	2003
	19	子宮癌のおかげです	渥美雅子	工作舎	2003
	20	病気のデパート完売御礼！	鮫島京子	文芸社	2004
	21	赤い蝶々	ますい志保	小学館	2004

■絨毛がん

分類		書名	著者名	出版社	発行年
がん8	1	神さま！産ませて	長友明美	講談社	1985
	2	真利栄ちゃんママがんばってるよ	奥迫康子	家の光協会	1996

■子宮がん／腎臓がん

分類		書名	著者名	出版社	発行年
がん9	1	いのちの限りを	熊谷幸子	海竜社	1988

■子宮がん／肝臓がん

分類		書名	著者名	出版社	発行年
がん10	1	がんよ，ありがとうがらし	緒方真子	文化出版局	2000

■子宮体がん

分類		書名	著者名	出版社	発行年
がん11	1	子宮を産んだら	椎名美里	東京経済	1998

分類		書　名	著者名	出版社	発行年
がん11	2	看護婦ががんになって	小笠原信之・土橋律子	日本評論社	2000
	3	久和ひとみ　絶筆	久和ひとみ	小学館	2001
	4	子宮は一つ，子宮がんは二つ	堺　典子	文芸社	2002
	5	笑顔の素敵なあなたに	上原寛奈	文芸社	2003
	6	花水木と葛の花	水上明雄	東洋出版	2006
	7	喪失と豊饒と	中澤美喜子	自費出版	2006

■卵巣がん

分類		書　名	著者名	出版社	発行年
がん12	1	微笑日記	近藤啓太郎	講談社	1975
	2	妻ガンに死す	F・ロバート・ロドマン	新書館	1978
	3	がんと闘った七年六ヶ月	市尾致子・卓	紀元社	1981
	4	散りいそぐ花の哀しみは	渡辺みよ子	風媒社	1985
	5	動かない手でVサイン	川地民夫	太田出版	1989
	6	順子，キミに会えてよかった	宮崎直栄	自費出版	1992
	7	ガンに打ち克つ14通の手紙	藤本和代・林檎子	山手書房新社	1993
	8	陽炎の如く	小口孝志	諏訪文化社	1993
	9	海に還る　女優賀原夏子	塚原純江	主婦と生活社	1993
	10	アッパ，ぎゅっと抱きしめてよ	裵重度	自費出版	1995
	11	娘とわたし	津村昶子	静岡新聞社	1997
	12	私　看護婦になってよかった	八矢昭司	看護の科学社	1998
	13	母を想うとき	渡辺さとみ	新風舎	1998
	14	立ちどまるとき	早智	自費出版	1998
	15	小夜子へ	川口幹夫	集英社	1999
	16	ガンになっても私，セクシィ？	竹内尚代	パンドラ	2000
	17	闘病の記	神田千恵	自費出版	2002

分類		書名	著者名	出版社	発行年
がん12	18	惜春	上田孝治	東京図書出版会	2002
	19	生きることへの挑戦	永野月子	新風舎	2003
	20	とことん"ガン"晴レ！私の自然治癒力	一片恋生	文芸社	2003
	21	春，ふたたび	竹村久子	キリスト新聞社	2003
	22	十四年十回のがん手術を生き抜いて	植松文江	光文社	2004
	23	質的転換	大樹	碧天舎	2004
	24	百万回の永訣	柳原和子	中央公論新社	2005
	25	いのち再び	大西康子	クリエイツかもがわ	2006
	26	とうさん魂あずかって	芹澤義夫編	ジャパン通信情報センター	2007
	27	岡山大学病院発，ガン闘病列車	濱本なおこ	文芸社	2008

■卵巣がん／大腸がん

分類		書名	著者名	出版社	発行年
がん13	1	ひまわりさん	安陪陽子	ドメス出版	2002

■絨毛膜がん

分類		書名	著者名	出版社	発行年
がん14	1	がんに散った！フォトジャーナリストの夢	松平和夫・慶子	文芸社	2004

■外陰がん

分類		書名	著者名	出版社	発行年
がん15	1	ひかりのなかへ	但馬裕子	アルタ出版	2003

■婦人科系がん

分類		書名	著者名	出版社	発行年
がん16	1	告知せず	小笠原至	文芸社	2000

■睾丸（腫瘍）がん

分類		書名	著者名	出版社	発行年
がん17	1	輝きの季節	ウイリアム・J・ブキャナン	三笠書房	1979

分類		書　名	著者名	出版社	発行年
がん17	2	あきらめるのはまだ早い	岩城世幸	ミッドナイト・プレス	1991
	3	がんと向き合って	上野　創	晶文社	2002
	4	がんと向き合って	上野　創	朝日文庫	2007

■精巣がん

分類		書名	著者名	出版社	発行年
がん18	1	玉取物語	永田雅一	ベネッセ	1997
	2	ラフラ24歳の遺言	枝口芳子	ポプラ社	2001
	3	生きててくれてありがとう	星野有貴子	自費出版	2005
	4	難治性精巣腫瘍闘病記	バチ	ホンニナル出版	2008

■前立腺がん

分類		書名	著者名	出版社	発行年
がん19	1	輝やけ我が命の日々よ	西川喜作	新潮社	1982
	2	最後の戦記	コーネリアス・ライアン，他	文藝春秋	1982
	3	私と木島則夫の闘い	木島喜世子	リム出版	1991
	4	アマリリスは咲いても	渡辺博	NOVA出版	1991
	5	下町の赤ひげ先生いま，癌を生きる	木下繁太朗	桐書房	1993
	6	死への準備教育	ハーバート・クレイマーケイ・クレイマー	読売新聞社	1995
	7	癌とたわむれて	アナトール・ブロイヤード	草思社	1995
	8	めめしいカタトリマン	尾木文之助	高知新聞社	1995
	9	闘病患者の心理事情	胡代しゅう	近代文芸社	1996
	10	残された生命をいかに生きるか	杉原輝雄	主婦と生活社	1998
	11	生きてるって，奇跡！	高野ますみ	新森書房	1999
	12	前立腺ガン私の闘病記	矢島典雄	そうぶん社出版	2002
	13	別れ	杉橋とも	文芸社	2002
	14	癌を抱えてガンガーへ	高垣忠一郎	三学出版	2002

分類		書　名	著者名	出版社	発行年
がん19	15	前立腺ガンからの生還	島田智大	碧天舎	2003
	16	前立腺癌　切らずに治した	本郷美則	文藝春秋	2003
	17	孫と家とガン	三上和利	文芸社	2003
	18	拮癌	山内利夫	論創社	2003
	19	たかが，されど前立腺がん	いがりさぶろう	文芸社	2004
	20	「アッという間に，消えちゃった。」	島崎保彦	K&Kプレス	2005
	21	「僕は生きるぞ，生き抜くぞ！」	島崎保彦	K&Kプレス	2007
	22	道づれ賛歌	三國隆三	展望社	2005
	23	前立腺癌を克服して	鶴岡信一	善本社	2005
	24	妻とがんとの狭間で	菊池良男	新風舎	2007
	25	がんは怖かった　早期発見の大切さ	さかい一二三	文芸社	2008

■前立腺がん／胃がん／大腸がん

分類		書　名	著者名	出版社	発行年
がん20	1	多重がんを克服して	黒川宣之	金曜日	2006

■甲状腺がん

分類		書　名	著者名	出版社	発行年
がん21	1	ガンを見すえて生きる	青木日出雄	講談社	1988
	2	その夏の別れ	和田　俊	筑摩書房	1996
	3	風はアゲンスト	吉川なよ子	毎日新聞社	1999
	4	からだに寄りそう	波多江伸子	春秋社	2003
	5	home　家族と歌が僕を守ってくれた	木山裕策	光文社	2008

■肺がん

分類		書　名	著者名	出版社	発行年
がん22	1	ガン病棟の九十九日	児玉隆也	新潮社	1975
	2	ガン病棟の九十九日	児玉隆也	新潮文庫	1980
	3	限りなき愛に生きて	伊藤勝司・治子	三笠書房	1978

分類		書名	著者名	出版社	発行年
がん22	4	敦子俺は生きたい	関根愛三・敦子	創芸社	1978
	5	暗と明	萩原忠文	南窓社	1978
	6	わが涙よ わが歌となれ	原崎百子	新教出版社	1979
	7	色は匂えと	小原巳恵子	主婦と生活社	1981
	8	死はあまりにも突然に	星由里子	集英社	1984
	9	担癌者(キャンサー・キャリアー)	石井 仁	新潮社	1984
	10	肺癌記	加藤 謙	岩波ブックセンター信山社(自費出版)	1984
	11	生きていた	澤野久雄	主婦の友社	1985
	12	生きていた	澤野久雄	集英社文庫	1988
	13	がんのあとさき	澤野久雄	主婦の友社	1987
	14	悔いてやまず	中島みち	文春文庫	1988
	15	天国の書斎	前田みち	パンリサーチ	1989
	16	母の旅立ち	吉岡紘子	海声出版	1989
	17	武子 たあちゃん の一生	井上武子思い出編集室	自費出版	1989
	18	人生最後の輝きとしての死	菅 龍一	看護の科学社	1990
	19	駆けぬけた生命	村田政也	廣済堂	1990
	20	肺ガン病棟からの生還	野原一夫	新潮社	1990
	21	ゆーわけ，こわけ	水沢 周	文藝春秋	1991
	22	精神的植物人間	林 正吾	素顔社	1992
	23	がん病棟周章狼狽記	たいらまさお	草思社	1992
	24	生の時刻	酒井三到男	かまくら春秋社	1992
	25	がんに克つこと何でもやった	臼井浩義	講談社	1993
	26	ガンに勝った	鹿野 覚	雪書房	1993
	27	かたくりの花は散れど	関 悦子	パンセの集い	1994
	28	イヴまで待って	安田いづみ	近代文藝社	1994
	29	夕映えにシンフォニーを	安田いづみ	近代文藝社	1995

分類		書　名	著者名	出版社	発行年
がん22	30	私らしく生きたい	安田いづみ	銀河編集室	2004
	31	逝く人を見つめて	金成大	近代文藝社	1994
	32	ありがとう!愛	安井かずみ	大和書房	1994
	33	肺ガン三十年	山本俊一	真菜書房	1995
	34	心の旅路	西岡澄子	近代文藝社	1995
	35	生かされて生きる	戸塚逸男	プレジデント社	1996
	36	生かされて生きる	戸塚逸男	文芸社	1998
	37	生かされて生きる	戸塚逸男	新風舎	2000
	38	闘病記	松原清人	近代文藝社	1996
	39	ぼくの父はこうして死んだ	山口正介	新潮社	1996
	40	かんにんな…	仁科克子	光文社	1996
	41	肺ガンをご縁として	中山静麿	ノンブル社	1996
	42	極楽ガン病棟	坂口　良	石風社	1997
	43	母のがんもど記・息子のかいがん録	岩田萬里子・泰	北宋社	1997
	44	カサブランカの花のように	大高式子	自費出版	1997
	45	天才バカボン教授に捧ぐ	松本ミユキ	創英出版	1997
	46	ガンの夫を自宅で看取る	児島美都子	農文協	1998
	47	お母さんもういいよ	三田村由紀	秋桜社	1998
	48	妻と私	江藤　淳	文藝春秋	1999
	49	癌の妻, 癒ゆることなく	溝部正夫	短歌新聞社	1999
	50	癌を告知されてこの一年	千里　節	新風舎	1999
	51	ある末期がん患者のつぶやき	高地哲夫	MEDSi	2000
	52	後悔だらけのがん闘病	中山　幹	新潮OH!文庫	2000
	53	飛鳥への伝言	橘　雅子	講談社	2000
	54	詩画集がんを味わう	やまかわみつる	東銀座出版社	2000
	55	いのちを紡ぐ	澤　匡子	文芸社	2000
	56	プロジェクト・キャンサー	大橋淳一	角川書店	2001
	57	普通にしとこうや	加納芳樹	どりむ社	2001
	58	がんを味わう旅	佐藤貴美子	新日本出版社	2001
	59	肺がん闘病記	後藤敏夫	文芸社	2001

分類		書名	著者名	出版社	発行年
がん22	60	ガンとの共生をめざして	安達文彦・安達一子	エピック	2001
	61	僕はガンと共に生きるために医者になった	稲月 明	光文社新書	2002
	62	負けてたまるか	腰原常雄	二見書房	2002
	63	厄年男の闘病記	野澤義直	文芸社	2002
	64	テーマは"希望"	笹木千鈴	文芸社	2002
	65	想い	春川都留子	文芸社	2002
	66	父のがんを知った日から	小林 智	寿郎社	2003
	67	天気草	加藤明子	のべる出版	2003
	68	天気草日録	加藤幸一	のべる出版	2003
	69	31歳ガン漂流	奥山貴宏	ポプラ社	2003
	70	32歳ガン漂流 エヴォリューション	奥山貴宏	牧野出版	2005
	71	33歳ガン漂流 ラスト・イグジット	奥山貴宏	牧野出版	2005
	72	定年大病	岩城喜代太	かんぽう(自費出版)	2003
	73	ゲルマニウムは蜘蛛の糸	小林利夫・謙之	廣川書店	2003
	74	負けるな!生き抜け!	大原照久	自費出版	2003
	75	パパからのプレゼント	窪田陽子	文芸社	2004
	76	天国の窓から	與那嶺美佐子	文芸社	2004
	77	わかれのおくりもの	門脇恭代	新風舎	2004
	78	いのちの落語	樋口 強	文藝春秋	2005
	79	拝啓閻魔大王様	村上ふみゑ	自費出版	2005
	80	ガンが病気じゃなくなったとき	岩崎順子	青海社	2005
	81	癌よ,ありがとう	水津征洋	風雲社	2005
	82	末期ガンの母への贈り物	たまきいづむ	桂書房	2005
	83	夢の中で抱きしめて	冨永徳子	文芸社	2006
	84	生きてるよ	木内英夫	自費出版	2006
	85	まどろみの海へ	堀江誠二	PHP研究所	2006

分類		書　名	著者名	出版社	発行年
がん22	86	桜は二度咲いた	小野田嘉幹	イースト・プレス	2006
	87	たっちゃんの闘病日記（上）	大橋龍仁・岩田恵子	文芸社	2006
	88	たっちゃんの闘病日記（下）	大橋龍仁・岩田恵子	文芸社	2006
	89	雲の上の瞳へ	安東房吉	牧歌社	2006
	90	東大のがん治療医が癌になって	加藤大基・中川恵一	ロハス・メディア	2007
	91	愛しのサザビー	AYA	パジリコ出版	2007
	92	33歳の誕生日　生まれ変わっても私は私でありたい	山形弘美	文芸社	2007
	93	熟年介護日誌	小林弘忠	NHK出版	2007
	94	医者のいない診察室	佐々木由美	三秀社	2008
	95	生命の羅針盤	山田恵子	講談社	2009

■肺がん／胃がん

分類		書　名	著者名	出版社	発行年
がん23	1	夫婦でがんになりまして…	唐麻　好	中経出版	2007

■肺がん／食道がん

分類		書　名	著者名	出版社	発行年
がん24	1	ガンからの二度の生還	真田　是	かもがわ出版	2003

■肺がん／MRSA

分類		書　名	著者名	出版社	発行年
がん25	1	病院へ行く前に読む本　患者学入門	宮澤弘愛	日経事業出版社	1994

■肺がん／心筋梗塞

分類		書　名	著者名	出版社	発行年
がん26	1	わが命の灯を	阿木翁助	講談社	1990

■肺がん／大腸がん

分類		書　名	著者名	出版社	発行年
がん27	1	がんに負けてたまるか	横塚隆嗣	桐書房	1999

分類		書名	著者名	出版社	発行年

■悪性胸膜中皮腫

分類		書名	著者名	出版社	発行年
がん28	1	遠い記憶	二瀬一俊	東洋出版	2002
	2	石蕗の花	中塚育子	自費出版	2004

■腺がん

分類		書名	著者名	出版社	発行年
がん29	1	鳳啓助のポテチン闘病記	鳳ハマ子	毎日新聞社	1994
	2	ガンとともに生きる	ゲール・エルトン・メーヨー	作品社	2003

■胸腺がん

分類		書名	著者名	出版社	発行年
がん30	1	お母さんは薔薇の国へ逝った	松久隆司	文芸社	2002
	2	戦士に敬礼！	斎藤菜々	悠飛社	2006

■胃がん

分類		書名	著者名	出版社	発行年
がん31	1	さよなら　ありがとう　みんな	朝山新一	中公新書	1971
	2	生命のきわみまで	河原宣人	講談社	1971
	3	詩集　病者・花	細川　宏	現代社	1977
	4	あなたの優しさがこわい	木下　榮	青河書房	1977
	5	看護本来の姿とは－妻の死に考える	冨沢　賢	看護の科学社	1978
	6	もう一度海へ行きたかった	永井　忠	朝日新聞社	1978
	7	カズ，おもては雨なの	吉田一法	草土文化	1979
	8	夜空の星と野の花と	吉田邦子	草土文化	1979
	9	ガンとの闘い	伊藤一葉	大和書房	1980
	10	生命果てる日まで	金森美弥子	講談社	1981
	11	ガン宣告	松岡寿夫	講談社	1981
	12	父さん，お帰りなさい。	猫related禮子	日本文化出版	1984
	13	今日はすべて	吉岡昭子	新声社	1984
	14	この一日を永遠に	雨宮育造・淑子	キリスト新聞社	1984
	15	かあちゃん，すまん	徳丸壮也	講談社	1984

分類		書名	著者名	出版社	発行年
がん31	16	ガンといわれて…	須田開代子	日本文化出版	1985
	17	微笑みをください	青木義昭	新教出版	1985
	18	おとうさんやっぱりガンやて	田中つた子	三水社	1986
	19	砂の宴	岡村　幹	講談社出版サービスセンター	1986
	20	したたかに愛燃えて	家城久子	平凡社	1987
	21	浩さん，がんばったね	野添ひとみ	講談社	1988
	22	ガンなんかで死ねるか	永井忠男	大和出版	1989
	23	弱き時にこそ	澤正彦・金纓	日本基督教出版局	1989
	24	がん患者から病院への贈物	花里　恵	小学館	1990
	25	胃を切った仲間たち	胃切患者会健胃会	桐書房	1990
	26	青い水底で眠りたい	源照子・源哲麿	彩流社	1990
	27	えみちゃんの自転車	古舘伊知郎	集英社	1991
	28	えみちゃんの自転車	古舘伊知郎	集英社文庫	1994
	29	父，卒わる	鼈井通眞	講談社	1991
	30	さらば胃袋	遠藤昭二郎	七賢出版	1992
	31	アトム先生の蕩病記	柴田俊一	知人社	1993
	32	シリウスへの旅立ち	高橋文恵	一光社	1993
	33	生きて，還りぬ。	原　啓一	集英社	1993
	34	妻をガンで喪ったおとこのうた狂い道	松丸数夫	近代文藝社	1993
	35	愛をみつけた	宮川大助・花子	朝日新聞社	1994
	36	二十三年目の別れ道	逸見晴恵	フジテレビ出版	1994
	37	ガン再発す	逸見政孝・晴恵	廣済堂出版	1994

分類		書名	著者名	出版社	発行年
がん31	38	ガン再発す	逸見政孝・晴恵	角川文庫	1995
	39	天国へのメッセージ逸見政孝-その出会いから別れまで	三木 治	廣済堂出版	1994
	40	一粒の麦	湯川千恵子	ドン・ボスコ社	1994
	41	絆 がんで逝った夫の思い出	坂元盛香	新風舎	1995
	42	涙のアンパンマン・マーチ	原島久美子	書苑新書	1995
	43	家で看とること 看とられること	西尾憲太郎	ORIGIN	1995
	44	癌に生かされて- 70歳-	柳田 敦	自費出版	1995
	45	ずっと一緒にいたかったのに	鈴木信子	近代文藝社	1995
	46	父との絆	山崎政城	星雲社	1996
	47	ガン明日への命	百瀬容子	近代文藝社	1996
	48	いのちに限りが見えたとき	星野周子	サイマル出版会	1996
	49	知りたがりやのガン患者	種村エイ子	農文協	1996
	50	あなたにもいちど抱かれたい	長谷川美枝・和史	フォーユー	1996
	51	生命燦燦	安田秀士	現代創造社	1997
	52	いのちの剪定	細根雄治	自費出版	1997
	53	おかあさんはここにいるよ	柴 芳子	南方新社	1997
	54	死と対峙し太陽と語る	竹内 昇	日本図書刊行会	1997
	55	がん克服落語会	笑福亭小松	講談社	1998
	56	吾輩はがんである	笑福亭小松	講談社	2002
	57	前略 がん患者様	笑福亭小松	PHP研究所	2005
	58	清晃だいすき	濱田美奈子	自費出版	1998
	59	告知	熊沢健一	マガジンハウス	1999
	60	告知	熊沢健一	PHP文庫	2004

分類		書 名	著者名	出版社	発行年
がん31	61	夫・画家ガンとともに12年	奈良幸子	NECクリエイティブ	1999
	62	私は私でありたい	高際美佐	PHP研究所	2000
	63	有終の死	志村利之	プロスパー出版	2000
	64	あした生きてね	杉浦政子	文芸社	2000
	65	サドン・デス	荒木啓一	鳥影社	2000
	66	パパ	伊藤律子	文芸社	2000
	67	神さま,仏さま,看護婦さまー。	高橋浩一	日総研	2000
	68	告知せず	西家洋治	近代文芸社	2001
	69	三文ガン患者	谷岡雅樹	太田出版	2001
	70	葛藤の日々590	鈴木直美	文芸社	2001
	71	スワサンタン	飯塚 功	文芸社	2001
	72	お父さん生きて	小林明美	水茎社	2001
	73	お父ちゃまの闘い	小俣好文	神奈川新聞社	2001
	74	がんばれなんてもう言わない	城岡昭子	武田出版	2002
	75	生と死の狭で	条田瑞穂	イズミヤ出版	2002
	76	妻の大往生	永 六輔	中央公論新社	2002
	77	妻の大往生	永 六輔	中公文庫	2005
	78	トオル,君を忘れない	清水浩一	ボロンテ。	2002
	79	木村誠一さんの生涯と『真楽記』	浅野純以編	自照社出版	2002
	80	癌春賦	高木ひとみ	自費出版	2002
	81	天国へのメール	大内優子	文芸社	2003
	82	生と死の狭間で	鈴木章弘・大久保貴子	文芸社	2003
	83	たかが癌,されど癌	田中 宏	文芸社	2003
	84	人生これからよ	石原美佐子	文芸社	2003
	85	天使の復活	久慈澄江	文芸社	2003
	86	光	久松ゆり	森の本	2003

分類		書　名	著者名	出版社	発行年
がん31	87	いつもどおりの日々	長谷川正子	自費出版	2003
	88	癌と闘う－ユーモア川柳乱魚句集	今川乱魚	新葉館出版	2003
	89	拓健パパの傷病休暇	岩本和成	新風舎文庫	2003
	90	また家族になろうね	米山幸子	碧天舎	2003
	91	砂の宴	岡村　幹	文芸社	2004
	92	ホスピスで安らかな旅立ち	臼田敬子・喜代二	郁朋社	2004
	93	また会う日まで…	田中寿子	新風舎	2004
	94	癌告知から退院までの日々	村上富夫	新風舎	2004
	95	あしたこそ！	有川桂子	文芸社	2004
	96	手のひらの瞳　"昭和の武士"齋藤岩男闘病の記録	齋藤岩男記念会	齋藤岩男記念会	2004
	97	空の彼方へ－真弓，31歳。	角湯正剛・千鶴	自費出版	2004
	98	いのちの授業	神奈川新聞報道部	新潮社	2005
	99	いのちの授業	神奈川新聞報道部	新潮文庫	2007
	100	がん　大橋巨泉の場合	大橋巨泉	講談社	2005
	101	自らがん患者となって	杉村　隆	哲学書房	2005
	102	がんを友に生きる	松井寿一	元就出版社	2005
	103	ガンで逝った弟	伊予小路良雄	新風舎	2005
	104	末期ガンになったIT社長からの手紙	藤田憲一	幻冬舎	2006
	105	神に救われた命	永島昇・永島日出子	文芸社	2006
	106	あなたにあえてよかった	大浦静子	北國新聞社	2006
	107	「ありがとう」と「さよなら」の旅立ち	宇梶尚子	燦葉出版	2006

分類		書　名	著者名	出版社	発行年
がん31	108	これからだよ　ガンとともに生き抜いたパパへ	猿渡啓子	新風舎	2006
	109	がん生活者の730日	曽田秀彦・曽田由紀子編	西田書店	2007
	110	病室から夢を追って	田口和男	里文出版	2007
	111	がんファイターの2004年	石東直子	文芸社	2007
	112	そして，君はそよ風になった	桑原繁樹	展望社	2008
	113	小説「なんでやねん」と虫が哭く	さくらいひでお	文芸社	2008

■胃がん／膀胱がん

分類		書名	著者名	出版社	発行年
がん32	1	ありがとう純子	山本八重子	いのちのことば社	1983
	2	続ありがとう純子　天国の純子ママ	山本八重子	いのちのことば社	1984

■胃がん／舌がん

分類		書名	著者名	出版社	発行年
がん33	1	ガンも自分いのちを生きる	笹沢左保	海竜社	1994
	2	ガンも自分いのちを生きる	笹沢左保	徳間文庫	2001

■胃がん／食道がん／咽頭がん

分類		書名	著者名	出版社	発行年
がん34	1	僕は元気なガン患者	角　行之	医療文化社	2008

■十二指腸がん

分類		書名	著者名	出版社	発行年
がん35	1	癌との『対話と挑戦』	西垣邦秋	近代文藝社	1995
	2	告知せず	古財麗子	文芸社	2003

■胆管がん

分類		書名	著者名	出版社	発行年
がん36	1	いのち二百日	花岡次代	風の碑社	1995
	2	お父ちゃんの片道キップ	真崎彌壽子	文芸社	2000

分類		書　名	著者名	出版社	発行年
がん36	3	まだ生きてまぁす！	松本より子	デジタル・パブリッシングサービス	2001
	4	人間らしい最期を迎えたい	加納三千子	清風堂書店	2002
	5	疾走四十七年十一ヶ月	新津　修	山梨ふるさと文庫	2003
	6	律子，病魔と闘った千日	天野國男	碧天舎	2004
	7	胆管がん放浪記	新山恒彦	毎日新聞社	2004
	8	旅立った妻に，ごめんね，ありがとう	八神和敏	ジュピター出版	2007

■胆嚢がん

分類		書　名	著者名	出版社	発行年
がん37	1	死と共に生きる	河崎義祐・康子・祐子	エイジ出版	1989
	2	そして妻は「ハッピーっ」と言い遺して逝った	周郷顕夫	主婦の友社	2005
	3	一男，ずうっとずうっとありがとう	川瀬加代子	新風舎	2007
	4	林檎の夜	大橋洋宏	知人館	1984

■肝臓がん

分類		書　名	著者名	出版社	発行年
がん38	1	生命ふたたび	くぬぎたかし	桐書房	1986
	2	同行二人がんに克つ旅	椚総・椚計子	立風書房	1989
	3	玲タン歌ってもう一度	中島嘉子	自費出版	1989
	4	神様パパを助けてください	三原紀子	自費出版	1989
	5	生かされて生きる	田中義文	マルジュ社	1990
	6	禅僧ガンと生きる	鈴木出版編集部	鈴木出版	1990
	7	お父さん！ガンと言えずに…	若原　瞳	近代映画社	1991
	8	私は肝移植で救われた	カルトバッサー俊子	草思社	1991
	9	たとえ病むとも	重兼芳子	岩波書店	1993
	10	たとえ病むとも	重兼芳子	岩波現代文庫	2000

分類		書 名	著者名	出版社	発行年
がん38	11	いのちと生きる	重兼芳子	中央公論	1993
	12	いのちと生きる	重兼芳子	中公文庫	1994
	13	愛に癒され愛に生きる	重兼芳子	海竜社	1993
	14	わが妻の『死の美学』	亀井俊介	リバティ書房	1993
	15	幸せだったね、ハナちゃん	野々山葉子	扶桑社	1994
	16	風がほしい	綛綛鉦道・幸子	光陽出版社	1995
	17	愛妻記	新藤兼人	岩波書店	1995
	18	ガン手術そして二年半	秋山秀夫	学生社	1997
	19	煙管	高橋貞行	日本図書刊行会	1997
	20	生きてんの精いっぱい－人間・渥美清	篠原靖治	主婦と生活社	1997
	21	忘れ得ずの記	小林　彰	新風舎	1997
	22	闘癌記	今岡秀藏	自費出版	1997
	23	ガンも身の内	高橋宏一	自費出版	1998
	24	ガンを切る前に読む本	町　秀夫	光文社	2000
	25	獅子身中の虫	竹中不拙	文芸社	2000
	26	パパ，天国からEメールしてね	後藤桂子	文芸社	2001
	27	奪われし愛と生命	中井一夫・戸高真弓美	出版文化社	2002
	28	あきらめるな！肝ガン患者	田中孝一	コスモトゥーワン	2003
	29	ガンを背負ったクリスチャン	高橋正清	碧天舎	2004
	30	キン・コン・ガン！	渡辺和博	二玄社	2004
	31	神様なんてクソクラエ	市川ヤス子	文芸社	2004
	32	がん戦記	三浦捷一	講談社	2005
	33	肝臓がんからの生還	佐々木洋二	文芸社	2006
	34	C型肝炎を生きる	尾原佳代子	幻冬舎ルネッサンス	2006
	35	俺は死なんぞ！	安原信人	早稲田出版	2007

分類		書　名	著者名	出版社	発行年
がん38	36	病室のシャボン玉ホリデー	なべおさみ	文藝春秋	2008
	37	よき出会い　豊	立華　優	文芸社	2008
	38	C型肝炎では死なせない	天野秀雄・天野聰子	杉並けやき会	2008

■肝細胞がん

分類		書　名	著者名	出版社	発行年
がん39	1	三十九・七歳の癌死	前原栄以子	つむぎ出版	1994
	2	HCCの疑いあり	池田　貴	幻冬舎	1997
	3	誕生	池田　貴	幻冬舎	1998
	4	ガンを生きる2	池田　貴	幻冬舎文庫	2000
	5	逝きてなお	「逝きてなお」編集部	港光文化社	1997
	6	悲しみは突然の雨のように…	神子田尚子	文芸社	2001
	7	生体肝移植を受けて	是永美恵子	光文社新書	2003
	8	みたびの肝細胞ガンと向き合って	弘末　勉	新生出版	2004
	9	妻は死なない	永澤　元	龍書房	2004
	10	ガンに生かされて	飯島夏樹	新潮社	2005
	11	医者がガンになった	川崎平八郎	新風舎	2007
	12	余命三ヶ月のラブレター	鈴木ヒロミツ	幻冬舎	2007

■肝臓がん／食道がん

分類		書　名	著者名	出版社	発行年
がん40	1	生きる者の記録　佐藤健	佐藤健と取材班	毎日新聞社	2003

■肝臓がん／白血病

分類		書　名	著者名	出版社	発行年
がん41	1	もっと生きたい	吉野啓子	南雲堂	1999

■膵臓がん

分類		書　名	著者名	出版社	発行年
がん42	1	愛子いとしや	川口松太郎	講談社	1982
	2	愛子いとしや	川口松太郎	講談社文庫	1985
	3	愛と哀を越えて	川上賤子	サンケイ出版社	1983

分類		書名	著者名	出版社	発行年
がん42	4	生きるにしても死ぬにしても	朝岡満喜子	いのちのことば社	1985
	5	ガン病棟にきてみない?	山野井道子	窓社	1988
	6	モルヒネはシャーベットで	波多江伸子	鎌倉書房	1992
	7	モルヒネはシャーベットで	波多江伸子	海鳥社	1995
	8	『覚えていてくれよ』	古賀順子	健友館	1993
	9	七平ガンとかく闘えり	山本れい子・山本良樹	KKベストセラーズ	1994
	10	七平ガンとかく闘えり	山本れい子・山本良樹	山本書店	1999
	11	そして父は風になった	犬塚久美子	近代文藝社	1994
	12	生と死の隣り合わせに…	高橋悦史	近代映画社	1996
	13	ゆびきりげんまん	高橋悦史・光代	主婦と生活社	1996
	14	ホスピス18日	宮下なみゑ	日本図書刊行会	1997
	15	愛すれば告知せず	庄野ひろ子	小学館	1999
	16	テディベアがはこんだ夢	春日幸子	講談社	1999
	17	最善は尽くされたか	鎌田英治	工文社	1999
	18	花のえにし	横山とし彦	文芸社	2000
	19	ガンと上手につきあいなはれ	黒田 清	徳間書店	2000
	20	ホスピスが私に残された唯一の道	中村浩子	海鳥社	2000
	21	余命を知った社長の＜超泣き笑い＞経営日誌	宮脇純治	明日香出版社	2000
	22	ふたりの交換日記は8月22日のたっちゃんの番で終わった	三原瑞代	日本テレビ	2001
	23	花毬の季	長友康夫	文芸社	2002
	24	この想い貴女へ	川見圭子	文芸社	2002
	25	語り部歌人 鳥海昭子のほんのり入院記	鳥海昭子	本の泉社	2003

分類		書　名	著者名	出版社	発行年
がん42	26	未来への伝言	藤森誠一	文芸社	2003
	27	ある日突然，末期癌と知って	横山邦彦	碧天舎	2004
	28	医師が患者になるということ	鍋島祐次	新風舎	2007
	29	ガン病棟のピーターラビット	中島　梓	ポプラ文庫	2008
	30	最後の授業　ぼくの命があるうちに	ランディパウシュ	ランダムハウス講談社	2008

■腎臓がん

分類		書　名	著者名	出版社	発行年
がん43	1	明子よ	鵜川　新	神戸新聞出版センター	1984
	2	道程輝きて	土田倫里江	あすなろ社	1989
	3	断崖の年	日野啓三	中央公論社	1992
	4	ガンと道づれ	蜂谷章子・隆	明石書店	1992
	5	死の淵をみつめて	元木鶏二	現代書館	1993
	6	癌という経験いつのまにか朝日が	武田秀夫	現代書館	1996
	7	ガン・脳出血闘病記	谷村光夫	日本図書刊行会	1998
	8	時間よ止まれ！	仲川八千代	文芸社	2002
	9	敬子の日記	上田謙一	碧天舎	2003
	10	神様どうか休息の時間をください	小室一男	文芸社	2003
	11	こちら西5病棟	8マン	新風舎	2005
	12	コニタンの闘病日記	小西博之	太陽エージェンシー	2005
	13	死をおそれないで生きる	細井　順	いのちのことば社	2007
	14	ガンと仲良く生き延びようよ	小坂忠雄	文芸社	2008

■副腎がん／顎下腺腫瘍

分類		書　名	著者名	出版社	発行年
がん44	1	真紅のバラを37本	高橋穏世	新声社	1993

分類	書 名	著者名	出版社	発行年
がん44	2　真紅のバラを37本	高橋穏世	日本看護協会出版会	2001

■上顎がん

分類	書 名	著者名	出版社	発行年
がん45	1　がん病床からの生還	三宅泰雄	新日本出版社	1981

■上顎がん／横紋筋肉腫

分類	書 名	著者名	出版社	発行年
がん46	1　トンネルの向こうに	松崎三代子	文芸社	2001

■舌がん

分類	書 名	著者名	出版社	発行年
がん47	1　みんなが嘘をついている	十返千鶴子	文藝春秋	1969
	2　私も一緒に死にたかった	古川圭代	日新報道	1979
	3　岳史よ、生命あるかぎり	加東康一	講談社	1990
	4　失われた声	加藤祥子	テレビ朝日	1990
	5　告知ありし日より	福田 謙	東京図書出版会	2003
	6　愛すればこそ	深田利彦	郁朋社	2004
	7　ヒロ、先にごめんね。	山下久仁子	幻冬舎ルネッサンス	2005
	8　がんになって　花になって　風になって	早坂由美	コスモヒルズ	2007

■舌がん／乳がん

分類	書 名	著者名	出版社	発行年
がん48	1　がん人生	塩沢とき	データハウス	1992

■舌根部腫瘍

分類	書 名	著者名	出版社	発行年
がん49	1　ガン告知が私を変えた	久保田進吾	静岡新聞社	1996

■扁平上皮がん

分類	書 名	著者名	出版社	発行年
がん50	1　生命のフィールド	ブレッド・バトラー	小学館	1999

■喉頭がん

分類	書 名	著者名	出版社	発行年
がん51	1　コロムビア・ライトの喉頭がん漫談	コロムビア・ライト	日本医療企画	1994

分類		書名	著者名	出版社	発行年
がん51	2	コロムビア・ライトの生きてりゃこそ	コロムビア・ライト	国書刊行会	1994
	3	声はわが心の叫び	中村正司	リヨン社	1994
	4	いまだ見ぬ風景	小堺昭三	文藝春秋	1995
	5	新しいことばの命を得て	池上　登	自費出版	2001
	6	ガンに声を奪われて	江口　準	ディーディーエヌ	2005

■喉頭がん／食道がん

がん52	1	眠れ！兄弟がん	篠田徳三	文芸社	2004

■咽頭がん

分類		書名	著者名	出版社	発行年
がん53	1	ガン封じ寺和尚の「死ぬに死ねない」ガン闘病記	高田真快	ポケットブック社	1991
	2	もう一度生かされて	高田真快	経済界	1992
	3	ガン封じ寺和尚の奮戦記	高田真快	国書刊行会	1994
	4	一日生きれば	安田つたゑ	看護の科学社	1991
	5	ガンでも治せばええやん	小紫麗華	せせらぎ出版	1995
	6	がん闘争一勝一敗	坂　重夫	海越出版社	1997
	7	ガンに声を奪われて	浅野和彦	新風舎	1997
	8	アクティブ・デス	川越　厚	岩波書店	1997
	9	ハワイの海へ	三沢慶子	キャロム	2000
	10	天との通信	森脇佐和子	文芸社	2002
	11	生きて再び	小野光義	健友館	2002
	12	玉川温泉ガン闘病記	ふじみとむ	無明舎出版	2003
	13	凛として生きる	元貴四三郎	新風舎	2004
	14	西へ向かう	東田寿和	編集工房あゆい	2004
	15	床頭台控え　がん患者の家族の立場から	沖田弘子	近代文芸社	2004
	16	声をなくして	永沢光雄	晶文社	2005
	17	医療は患者の生活を救えるか	美浦義明	パロル舎	2005

分類		書名	著者名	出版社	発行年
がん53	18	夢の花弁当	小川裕子・小川幸三	文芸社	2008

■咽頭がん・乳がん

がん54	1	夫婦同時ガンになって	菅沼定憲	阪急コミュニケーションズ	2006
	2	夫婦で「がん」を生きる	菅沼定憲	日本評論社	2008

■口腔がん

がん55	1	ガンからの逃走	丹羽小弥太	文藝春秋	1970
	2	私はガンに勝ったのか	丹羽小弥太	竹井出版社	1974
	3	それでも私は生きる	丹羽小弥太	主婦の友社	1976
	4	針千本	江夏美好	河出書房新社	1982
	5	針千本	江夏美好	河出文庫	1987

■鼻中隔がん

がん56	1	リライフへの道	ムーラン	新風舎	2007

■食道がん

がん57	1	功大好き	木村　梢	講談社	1982
	2	おれ，ガンだよ	川上宗薫	海田書房	1985
	3	遺作　死にたくない！	川上宗薫	サンケイ出版社	1986
	4	死は『終わり』ではない	山川千秋，他	文藝春秋	1989
	5	死は『終わり』ではない	山川千秋，他	文春文庫	1991
	6	メメント・モリ	後藤明生	中央公論社	1990
	7	ななかまど	野武歌子	朝日ソノラマ	1990
	8	高見順　闘病日記（上）	高見　順	岩波書店（同時代ライブラリー）	1990
	9	高見順　闘病日記（下）	高見　順	岩波書店（同時代ライブラリー）	1990

分類		書　名	著者名	出版社	発行年
がん57	10	ごめんね，英ちゃん	松山重子	新日本出版社	1991
	11	海紅豆の花あざやかに	佐瀬一郎	光陽出版社	1992
	12	わたしは尊厳死を選んだ	細郷秀雄	講談社	1993
	13	挫けざる日々	秦　豊	技術と人間	1996
	14	オレ家で死にたいョ	古川千恵子	ライフ企画	1996
	15	おい癌め酌みかはさうぜ秋の酒	江國　滋	新潮社	1997
	16	おい癌め酌みかはさうぜ秋の酒	江國　滋	新潮文庫	2000
	17	癌め	江國　滋	冨士見書房	1997
	18	癌め	江國　滋	角川文庫	1999
	19	"ありがとうさようなら"	平野恵以子	自費出版	1997
	20	癌を語る	寛仁親王	主婦の友社	1999
	21	母はボケ，俺はガン	関根　進	日経BP社	1999
	22	ガンは宿命癒しは運命	関根　進	太陽企画出版	2000
	23	愛と勇気と希望をもって	久保雄志	自費出版	1999
	24	風に吹かれて	久賀征哉	海鳥社	2000
	25	桜の花が咲くまでは	三浦真理子	扶桑社	2001
	26	癌闘病日記	櫻井政男	東京図書出版会	2001
	27	英彦，パパ愛してる	松本佳子	NHK出版	2003
	28	夫と食道癌	一井愛子	健友館	2003
	29	終末への装い	川久保とくお	文藝書房	2005
	30	さいごの約束	坂本敬子	文藝春秋	2005
	31	もう一度逢えたら	中澤美喜子	文芸社	2005
	32	人が死ぬるということ	池亀光子	新風舎	2005
	33	あれから三年もう五年そして六年	蛙声-naka-	星湖舎	2006
	34	ガン日記　二〇〇四年二月八日ヨリ三月十八日入院マデ	中野孝次	文藝春秋	2006
	35	この大きな空の上から	日野聡美	新風舎	2007

分類		書名	著者名	出版社	発行年

■食道がん／口腔がん

がん58	1	安楽 生と死	西野辰吉	三一書房	1996

■食道がん／胃がん

がん59	1	もういちど愛たい	河村淑子	中日出版社	1986

■大腸がん

がん60	1	死の受容	吉岡昭正	毎日新聞社	1980
	2	七十五日の階段 ガンよ，おまえはなぜ	田中敬子	大和書房	1983
	3	ガンと闘う・神のみわざは測りがたく	松本得三	自費出版	1987
	4	医者が癌にかかったとき	竹中文良	文藝春秋	1991
	5	医者が癌にかかったとき	竹中文良	文春文庫	1994
	6	癌にかかった医者の選択	竹中文良	法研	1992
	7	続・医者が癌にかかったとき	竹中文良	文藝春秋	1995
	8	続・医者が癌にかかったとき	竹中文良	文春文庫	1998
	9	生命をみつめて	阿部幸子	探究社	1991
	10	病棟の光と翳	阿部幸子	探究社	1992
	11	生命ある限り	阿部幸子	探究社	1993
	12	手術も抗ガン剤も断って	中野きく子	潮文社	1992
	13	『あと一年』からの生還	大高康夫	二見書房	1994
	14	人工肛門の仲間たち	築地新生会	桐書房	1994
	15	わがままな死	谷本道子	自費出版	1995
	16	キャンサー・ギフト	高橋ユリカ	新潮社	1995
	17	がんを越えて	志良堂仁	琉球新報社	1995
	18	領巾振り日記	須田壽子	自費出版	1996
	19	「パパごめんね」	河野通廣	ごま書房	1996
	20	がんと生きる	羽柴 整	中日新聞社	1996
	21	天国から届いた年賀状	羽柴 整	中日新聞社	1999
	22	ガン病棟の陽だまり	吉田政美	荒地出版	1997

分類		書名	著者名	出版社	発行年
がん60	23	生き尽くす人 全身小説家 井上光晴のガン1000日	山川　暁	新潮社	1997
	24	破ガン一笑	南けんじ	主婦の友社	1997
	25	がんと道連れ ヨット人生	丹羽徳子	舵社	1997
	26	渡哲也　俺	柏木純一	毎日新聞社	1997
	27	ホスピスからの生還	木村絹子	KSS出版	1998
	28	ガン闘病　もう一度看病させて	石川文子	自費出版	1998
	29	一緒に年取れずにごめんね	清水光雄	小学館	1999
	30	約束	高橋一二三	小学館文庫	2001
	31	がん六回人生全快	関原健夫	朝日新聞社	2001
	32	がん六回人生全快	関原健夫	朝日文庫	2003
	33	がん六回人生全快	関原健夫	講談社文庫	2009
	34	癌を受け入れた闘病と医療への期待	中川　毅	文芸社	2001
	35	Grow up 母と家族の闘病生活	長谷川知沙	愛生社	2001
	36	回復室Bのドア	えずみなお	風塵社	2003
	37	もう恐れなくていい！	野沢秀雄	文芸社	2003
	38	倶会一処	駒ヶ嶺泰秀	文芸社	2003
	39	死にゆく妻との旅路	清水久典	新潮文庫	2003
	40	「余命半年」	柴　孝也	悠飛社	2004
	41	断腸の思い	寺内タケシ	マキノ出版	2004
	42	山桜、散る朝	籾とし子	あさんてさーな	2004
	43	ガンよ妻を返せ	田妖之介	近代文芸社	2004
	44	さよなら　さよなら　さようなら	田中美智子	あけび書房	2005
	45	Chediの闘病日記	草深智穂	文芸社	2005
	46	まだ，最悪なんかじゃない	ひろっしゃん	中央アート出版	2005
	47	生きる。一八〇日目のあお空	吉武輝子	海竜社	2006

分類		書名	著者名	出版社	発行年
がん60	48	ありがとう順ちゃん　そして3人の息子へ	落合喜代美	新風舎	2006
	49	癌告知の果てに　Xからのプレゼント	はまの鶴子	東京図書出版	2006
	50	ステージ4を宣告されて	高原レイミ	ほおずき書籍	2006
	51	癌には負けない　あきらめない	中戸川里美	自費出版	2008

■大腸がん／胃がん

分類		書名	著者名	出版社	発行年
がん61	1	三度目のガンよ，来るならごゆるりと	梅原　猛	光文社	2001
	2	癌患者の日記	奥本　康	文芸社	2004

■小腸がん

分類		書名	著者名	出版社	発行年
がん62	1	警察官僚ガン闘病ブログ	森實悟・満紀　河野浩一編	中経出版	2007

■結腸がん

分類		書名	著者名	出版社	発行年
がん63	1	告知から	中島平吉	東京経済	1991
	2	いま，癌を生きる	木下繁太朗	桐書房	1993
	3	ホタルの日記	中村光代	エフエー出版	1993
	4	ほんとうに知りたいこと	マック・ターネィジ，アン・ターネィジ	日本基督教団出版局	1996
	5	燃えるがごとく，癌細胞を焼きつくす	長尾宜子	三五館	1997
	6	うすむらさきのスイートピー	堀江孝子	日本図書刊行会	1997
	7	花の蕾	虎谷愛子	里文出版	2003
	8	お父さんは太陽になった	ひらたまどか	新風舎	2005

■虫垂がん（盲腸がん）

分類		書名	著者名	出版社	発行年
がん64	1	人は死ねばゴミになる	伊藤栄樹	新潮社	1988

分類		書 名	著者名	出版社	発行年
がん64	2	人は死ねばゴミになる	伊藤栄樹	小学館文庫	1998
	3	がんから始まる	岸本葉子	晶文社	2003
	4	四十でがんになってから	岸本葉子	講談社	2006
	5	ガンへの手紙	寺松　隆	新生出版	2003

■直腸がん

分類		書 名	著者名	出版社	発行年
がん65	1	あるガン患者の病床絵日記	内山弘正	あいわ出版	1985
	2	直腸切断	寺田健一郎	葦書房	1985
	3	笑いよ甦れ	山崎俊子	講談社出版サービスセンター	1986
	4	ガンとともに生きる	村山良介	主婦の友社	1988
	5	鬼よ，笑え	小島直記	新潮社	1992
	6	がん告知	小野厚子	立風書房	1993
	7	天空の川	関　正和	草思社	1994
	8	癌になってよかった	黒田英之	探究社	1995
	9	いつものように	川津与志子	近代文藝社	1995
	10	直腸ガン体験	稲子俊男	同時代社	1996
	11	患者がケアを求めるとき	森　文彦	近代文芸社	1996
	12	終りのない祈り	山口龍雄	自費出版	1996
	13	死の周辺	塩見鮮一郎	三一書房	1996
	14	介護の三二八五日	柿本文哉	自費出版(南日本新聞開発センター）	1996
	15	病い樽	石川忠弘	自費出版	1997
	16	レクイエム	瀧本祥江	日本図書刊行会	1997
	17	薔薇色の塩	伏木田光夫	北海道新聞社	1998
	18	わたし，ガンです　ある精神科医の耐病記	頼藤和寛	文春新書	2001
	19	あるがままに	伊澤節子	文芸社	2001
	20	私のがん患者術	井上平三	岩波書店	2002

分類		書名	著者名	出版社	発行年
がん65	21	私のこの娘	大和勝子	文芸社	2002
	22	生涯青春 萌ゆるが如く 保険屋さんのガン闘病記	天野律子	デジタルパブリッシングサービス	2002
	23	うさぎよ永遠に	三宅参衛	鶴書院	2004
	24	日は山の端に	樋口四朗	文芸社	2004
	25	マミー,そばにいて	冬木　薫	日之出出版	2004
	26	しあわせになろうよ	関口哲平	徳間書店	2005
	27	人体実験	白井　愛	れんが書房新社	2005
	28	いつでも君と一緒	天津　章	碧天舎	2005
	29	はじめましてモンちゃん！	山崎祐治	新風舎	2005
	30	命・閃光ののち	片岡　梢	文芸社	2005
	31	僕は明るい障害者	坂井正人	アチーブメント出版	2006
	32	消えろクソがん	竹内ゆうじ	ヨシモトブックス	2008

■膀胱がん

分類		書名	著者名	出版社	発行年
がん66	1	また会いましょう天国で	鎌谷清子著・編	キリスト新聞社	1985
	2	パパ,もう一度ユニフォームを着て	牧野茂・牧野竹代	光文社(カッパブックス)	1985
	3	死と向かいあう	ペーター・ノル	河出書房新社	1988
	4	オレは陽気ながん患者	山中　恒	KKベストセラーズ	1995
	5	オレは陽気ながん患者	山中　恒	風媒社	2000
	6	ガンの彼方に幸いあり	山川とおる	鳥影社	1996
	7	医者の大養生	杉浦昭義	講談社出版サービスセンター	1997
	8	サイレント・ガーデン	武満　徹	新潮社	1999

分類		書　名	著者名	出版社	発行年

■膀胱がん／胃がん

がん67	1	いい人はガンになる	吉川勇一	KSS出版	1999

■膀胱がん／前立腺肥大／脳梗塞

がん68	1	さらば西病棟	あんどうただすけ	文芸社	2007

■小腸肉腫

がん69	1	おれたちは家族	大原健士郎	朝日新聞社	1989

■肉腫

がん70	1	妻よ，お前の癌は告知できない	上田　哲	講談社	1998

■繊維肉腫

がん71	1	死までの着陸航路	麻生勝彦	日本図書刊行会	1997

■血管肉腫

がん72	1	さよなら恵子，二十一歳	菅原有一	秋元書房	1982
	2	生きて迷わず死して悔やまず	矢田壮一	講談社	1992

■横紋筋肉腫

がん73	1	摩優の樹－いつか天の川で－	横井千香子	風菜社	2003
	2	明日もまた生きていこう　十八歳でがん宣告を受けた私	横山友美佳	マガジンハウス	2008

■平滑筋肉腫

がん74	1	湖の伝説	梅原　猛	新潮社	1976
	2	いのちのダンス　舞姫の選択	吉野ゆりえ	河出書房新社	2008

分類		書名	著者名	出版社	発行年

■軟骨肉腫

がん75	1	地に落ちよ，一粒の麦	野口幸洋	産経新聞社	2001

■脊索腫

がん76	1	母娘で綴った介護の詩	西川公子	ありあけ出版	2001

■脊髄腫瘍

がん77	1	立てない・座れない・歩けなくなって…	滝口仲秋	本の泉社	2008

■骨肉腫

がん78	1	愛と死をみつめて	大島みち子・河野實	大和書房	1969
	2	愛と死をみつめて	大島みち子・河野實	学陽書房・文庫版	1996
	3	愛と死をみつめて	大島みち子・河野實	大和書房新版	2005
	4	愛と死をみつめて	大島みち子・河野實	だいわ文庫	2006
	5	若きいのちの日記	大島みち子	大和書房	1972
	6	若きいのちの日記	大島みち子	学陽書房・文庫版	1996
	7	若きいのちの日記	大島みち子	大和書房新版	2005
	8	若きいのちの日記	大島みち子	だいわ文庫	2006
	9	飛鳥へそしてまだ見ぬ子へ	井村和清	祥伝社（NONブックス）	1980
	10	飛鳥へそしてまだ見ぬ子へ	井村和清	祥伝社・新装版	2005
	11	飛鳥，清子の母として	井村倫子	祥伝社	1984
	12	ピノキオの手	長谷弘子	あゆみ出版	1980
	13	生命燃えつきるとも	紀　禮子	時事通信社	1986

分類		書　名	著者名	出版社	発行年
がん78	14	クシマズファイト	串間政次	体育とスポーツ出版社	2004

■悪性黒色腫

分類		書名	著者名	出版社	発行年
がん79	1	死を見つめる心	岸本英夫	講談社文庫	1973
	2	痛みと闘う	清原迪夫	東大出版会	1979
	3	よってたかって目の勉強	永六輔・ピーコ	扶桑社	1990
	4	片目を失って見えてきたもの	ピーコ	サンマーク出版	1999
	5	片目を失って見えてきたもの	ピーコ	文春文庫+	2002
	6	天を夢みる枯れない葉	野村ミサヲ	自費出版	1991
	7	もういちど二人で走りたい	浅井えり子	徳間書店	1995
	8	幸子よ，ありがとう	伊藤二郎	近代文藝社	1996
	9	夜明けのE・Tごっこ	佐藤桂子	東京経済	1999

■鼻腔悪性黒色腫

分類		書名	著者名	出版社	発行年
がん80	1	奇跡のトライ	山下忠男	池田出版	1999

■嗅神経芽細胞腫

分類		書名	著者名	出版社	発行年
がん81	1	摩優の樹	横井千香子	風榮社	2003

■悪性絨毛上皮腫

分類		書名	著者名	出版社	発行年
がん82	1	奇跡よ妻に起これ－7日の命といわれたガンが治った！	長峯良斉	主婦と生活社	1987

■悪性リンパ腫

分類		書名	著者名	出版社	発行年
がん83	1	走りつづけて	山谷えり子	ニッポン放送出版	1985
	2	惜別の灯	安藤義教	東京経済	1993
	3	医者が，がんで死と向かい合うとき	布施徳馬	講談社	1994
	4	愛と死のはざまで	浜畑紀・美恵子	恒友出版	1994

分類		書名	著者名	出版社	発行年
がん83	5	自家骨髄移植によるガンからの生還	駒田道代	新風舎	1995
	6	時の揺りかご	西川由紀子	新風舎	1997
	7	日がのぼり日がしずむ	廣瀬直美	自分流文庫	1997
	8	アメリカ的ガン闘病記	リー・あおい	東京書籍	1999
	9	吾が遊病の日々	伊東 丞	東京図書出版会	1999
	10	約束	佐藤乃布子	文芸社	1999
	11	希望あるかぎり	柴田知加子	文芸社	2001
	12	二十本の桜	西澤令子	文芸社	2001
	13	日向ぼっこ	昌子レナード	新風舎	2001
	14	へこんでも	多和田奈津子	新潮社	2002
	15	がんと真っ向勝負!	三好隆義	文芸社	2002
	16	絶食88日	御影神吾	文芸社	2003
	17	命の叫び	星今朝子	東京図書出版会	2003
	18	瞳の奥に「さよなら」が見えた	降幡金三郎	自費出版	2003
	19	忘れない春	神山勝男	自費出版	2004
	20	午前1時のパラシュート	桑原和風	新風舎	2004
	21	私の悪性リンパ腫克服記	松波克臣	文芸社	2005
	22	未完成交響曲	ケン・ザ・エア	文芸社	2005
	23	素直になれたら	西本富士子	新風舎	2005
	24	ガンとして生きる	関根徳男	慶應義塾大学出版会	2005
	25	恋する細胞たち ガンの日々	内海春代	幻冬舎ルネッサンス	2006
	26	夕焼けの向こう側	野川はるひ	文芸社	2006
	27	悪性リンパ腫なんて怖くない	峯 直法	文芸社	2007

分類	書　名	著者名	出版社	発行年

■**未分化小細胞がん**

がん84	1　沙恵ちゃん25年間ありがとう	北村美代子	明窓出版	2006

■**ホジキン病**(注：悪性リンパ腫の一種。)

がん85	1　それでも私は生きる 2　片肺飛行の青春 3　病室のひとりごと	ローレル・リー 木野村正博 よこい正裕・とし子	パシフィカ アーニー出版 文芸社	1977 1977 2001

■**ユーイング肉腫**

がん86	1　顔を失くして『私』を見つけた	ルーシー・グレアリー	徳間書店	1998

■**軟部肉腫**

がん87	1　腹に蛸が棲みついた	福与裕造	新風舎文庫	2007

■**ウイルムス腫瘍**

がん88	1　魂は残りたい	斎藤君枝	講談社出版サービスセンター	1989

■**結合組織腫瘍**

がん89	1　わたしの天国でまた会いましょうね	クリスティ＆イザベル・ツアヘルト	集英社	1994

■**大腿腫瘍**

がん90	1　片足喪失の記	高槻　博	柘植書房	1995

■**胚細胞性腫瘍**

がん91	1　がんからの生還	西川孝純	朝日ソノラマ	1996

■**血管腫**

がん92	1　ガンに克つ力，こうして私は病室を出た	近衛剣吉	三一書房	1986

分類	書　名	著者名	出版社	発行年
■神経内分泌腫瘍					
がん93	1　生と死の境界線	岩井寛口述・松岡正剛構成	講談社	1988
■骨溶解性悪性血管腫					
がん94	1　骨食い太郎	松下かつとし	ミネルヴァ書房	1990
■脊髄がん					
がん95	1　ママからの伝言　ゆりちかへ	テレニン晃子	書肆侃侃房	2007
■多発性骨髄腫					
がん96	1　命いっぱい生きた日々	鴻農周策	NHK出版	1994
	2　骨が消えた	阿相幸治・信子	メトロポリタン出版	1994
	3　老いが老いを看とるとき	浅妻正美	日本評論社	1997
	4　闘癌記	マイケル・ギアリン-トッシュ	原書房	2003
	5　届かぬ恋文	田中千勇子	もぐら書房	2007
■鎧状がん					
がん97	1　ガン患者が病院から追われるとき	岩松久保	主婦の友社	1994
	2　裏切られたガン患者たち	岩松久保	五月書房	1999
■リンドー病					
がん98	1　ひとりのひとを哀しむならば	大澤恒保	河出書房新社	1999
■白血病					
がん99	1　最後のコラム	スチュアート・オルソップ	文藝春秋	1976
	2　さよならは微笑って	野村知見	主婦と生活社	1988
	3　燃えつきるまで	滝　純子	葦書房	1989

分類		書名	著者名	出版社	発行年
がん99	4	風の伝言	草川八重子	かもがわ出版	1990
	5	霧の中の命	大谷貴子	リヨン社	1991
	6	生きてるってシアワセ	大谷貴子	スターツ出版社	1998
	7	白血病からの生還	大谷貴子	リヨン社	2005
	8	永遠の愛を誓って	安積政子・藤保秀樹	JICC出版	1991
	9	永遠の愛を誓って	安積政子・藤保秀樹	宝島文庫	1998
	10	入院初夜は東京ナイト	土屋礼子	教研学習社	1991
	11	無菌病室の人びと	赤塚祝子	集英社	1993
	12	無菌病室の人びと	赤塚祝子	集英社文庫	1996
	13	はーるよこい	毛利まさみ・ゆりこ	自費出版	1993
	14	いのち煌めいて	久野哲弘	中日新聞本社	1993
	15	いのち煌めいて	久野哲弘	東京新聞出版局	1994
	16	夢をあきらめないで	徳田秀樹	北國新聞社	1993
	17	万里からの贈りもの	気賀恭子, 他	自費出版	1993
	18	21歳の別離	遠藤 充	学研	1994
	19	21歳の別離	遠藤 充	学研M文庫	2001
	20	母ちゃんがんばる	森 房子	自費出版	1994
	21	自我を捨てて	和田純人	批評社	1994
	22	ファミリーレスの生涯	館野守男	SMS	1995
	23	永遠の千秋楽	蔵間弥生	ザ・マサダ	1995
	24	さよならの誕生日	栗山季子	筑波書林	1995
	25	天, 自ら助くる者を助く	内藤玉子	近代文藝社	1995
	26	骨髄移植の朝	小林賢司	玄文社	1996
	27	180ccのいのち	大竹あや	日本テレビ	1997
	28	インターネットを使ってガンと闘おう	埴岡健一	中央公論社	1998
	29	わたしは　うたがうたいたい	吉野摩衣子	文芸社	1999

分類		書　名	著者名	出版社	発行年
がん99	30	命よ孫よ	大泉逸郎	光文社	2000
	31	あたりまえの日に帰りたい	小林茂登子	時事通信社	2000
	32	私の娘は70cm	行天都・朝美	河出書房新社	2001
	33	お母さん泣かないで	八谷時子	文芸社	2001
	34	愛いっぱい私のユリちゃん	村山きく	文芸社	2001
	35	ごめんね，あなた	上野恵子	文芸社	2001
	36	白血病からの生還	村山正則	いのちのことば社	2001
	37	由香ちゃん笑顔ありがとう	斉藤由香	リトル・ガリヴァー社	2002
	38	神様，何するの…	吉井　怜	幻冬舎	2002
	39	神様，何するの…	吉井　怜	幻冬舎文庫	2003
	40	母さん子守歌うたって	那須田稔・川悦子	ひくまの出版	2002
	41	ぬくもり	安藤庄吾・聖子	清風堂書店	2002
	42	幸せはどこにある	石山未已	新風舎	2002
	43	野球を愛して十八年九カ月	稲葉久幸	文芸社	2003
	44	血液型が変わっちゃった！	石原靖之	マキノ出版	2004
	45	ajwi/6 新しい人生を生きる	水上淑子	新風舎	2004
	46	生きてほしい，静かなる息子の闘い	上石和子	ディーディーエヌ	2004
	47	「二人の天使」がいのちをくれた	吉田寿哉	小学館	2005
	48	Happy Hana	野口祐子・野田輝夫・安子編集	文芸社	2005
	49	白血病「治療」日記　家族でのりこえた500日	草間俊介	東京新聞出版局	2006
	50	枯れない花になる日まで	高萩博幸	碧天舎	2006
	51	天国の真帆へ	山口悦子	あけび書房	2007

分類		書　名	著者名	出版社	発行年
がん99	52	17歳にもどりたい	佐々木綾子	文芸社	2007
	53	家族のたからもの	中島真奈美	日本テレビ	2007
	54	青い空の向こうに	太田美鈴	新風舎	2007
	55	命の絆・妹よありがとう	三浦喜美子・三浦文康	文芸社	2008
	56	俺，マジダメかもしれない…	高野由美子	太陽出版	2008
	57	白血病ママ　十年の時間を経て	林まどか	文芸社	2008
	58	成人T細胞白血病　ATL闘病記	尾形千秋	南方新社	2008

■骨髄異形成症候群

分類		書　名	著者名	出版社	発行年
がん100	1	命燃え尽きて-夫・正亥とともに-	甲賀みどり	自費出版	1988
	2	みんながいるから今があるから	中溝裕子	集英社	2001
	3	リカバリー！	中溝裕子	新潮社	2005
	4	いまを翔けぬけろ	吉沢　翠	新風舎	2006
	5	反戦ストリッパー白血病に死す	正狩　炎	グラフ社	2006
	6	2度目の誕生日	坂井千賀子	文芸社	2009

■骨髄異形成症候群／腎不全／髄膜瘤

分類		書　名	著者名	出版社	発行年
がん101	1	チコちゃん　ごめんね。『いつまで頑張ればいいの？』	中村真佐美	文芸社	2006

■白血病／脳腫瘍

分類		書　名	著者名	出版社	発行年
がん102	1	一寸先は光	中田完二	廣済堂出版	2001

■白血病／心筋症

分類		書　名	著者名	出版社	発行年
がん103	1	病院を出よう！	平　美樹	星湖舎	2004

分類	書　名	著者名	出版社	発行年
がん103	2　娘・美樹を絶対に死なせない!	平　宣子	プラネットジアース	2006

■がん(詳細不明)

分類	書　名	著者名	出版社	発行年
がん104	1　ガンとして生きる	関根徳男	慶應義塾大学出版会	2005

2. 小児がん

■小児がん分類表

分類	病名
小児がん 1	小児がん／繊維肉腫
小児がん 2	小児がん／横紋筋肉腫
小児がん 3	小児がん／軟部肉腫
小児がん 4	小児がん／水頭症・脳腫瘍・横紋筋肉腫
小児がん 5	小児がん／骨肉腫
小児がん 6	小児がん／脊髄腫瘍
小児がん 7	小児がん／仙骨奇形腫
小児がん 8	小児がん／悪性リンパ腫
小児がん 9	小児がん／悪性リンパ腺肉腫・腎不全
小児がん 10	小児がん／血球貪食症候群
小児がん 11	小児がん／バーキットリンパ腫
小児がん 12	小児がん／ユーイング肉腫
小児がん 13	小児がん／神経芽細胞腫
小児がん 14	小児がん／網膜芽細胞腫
小児がん 15	小児がん／卵巣がん
小児がん 16	小児がん／下顎がん
小児がん 17	小児がん／白血病
小児がん 18	小児がん／脳腫瘍・白血病
小児がん 19	小児がん／脳腫瘍

分類		書 名	著者名	出版社	発行年

■小児がん／繊維肉腫

小児がん1	1	ぼくの病気，ガンなの?	金紀美江	あいわ出版	1986

■小児がん／横紋筋肉腫

小児がん2	1	ママともう一度呼んで	菅原有一	秋元書房	1980
	2	ぼくにはまだ一本の足がある	周大観・宋芳綺	麗澤大学出版会	1999
	3	ママでなくてよかったよ	森下純子	比良書房	2000
	4	ママでなくてよかったよ	森下純子	朝日文庫	2003
	5	6歳の涙	Etsuko	文芸社	2000
	6	赤いくつのハンナ	マリア・ハウスデン	アーティストハウス	2003

■小児がん／軟部肉腫

小児がん3	1	ありがとうボクはしあわせ	祐森弘子	編集工房ノア	2006

■小児がん／水頭症・脳腫瘍・横紋筋肉腫

小児がん4	1	13歳の遺言	重田さゆり	フジテレビ出版	2005

■小児がん／骨肉腫

小児がん5	1	ママ…僕ガンなの	杉村要吉	毎日新聞社	1967
	2	十五歳の絶唱	若城希伊子	秋元文庫	1975
	3	翼は心につけて	関根庄一編	一光社	1977
	4	さらば茨戸の湖よ	岩田茂, 他	講談社	1979
	5	ありがとう，お母さん	佐々木己紀	角川文庫	1980
	6	翔べ!ミシェル	キャロリン・E・フィリップス	日本教文社	1981
	7	がん宣告　ぼく死にたない!	大野　芳	時事通信社	1981
	8	もう投げられへんって，ベェーや	大野　芳	講談社文庫	1987

分類		書　名	著者名	出版社	発行年
小児がん 5	9	珠子，十歳のれくいえむ	飯田由紀子	一光社	1982
	10	みんなありがとう	野崎昭子	新企画出版社	1986
	11	鳥になって	親川智子	ニライ社	1989
	12	育子からの手紙	副島喜美子	筑摩書房	1989
	13	夕陽よとまれ	今泉雅規・隆夫	理論社	1991
	14	天国の娘へあてた点字の手紙　ごめんね　ありがとう	こどもくらぶ	今人舎	1998
	15	ファントムペイン命輝く限り	坂元唯史	鉱脈社	2000
	16	ちび	大塚昌治	文芸社	2003
	17	わたしの家の戦士と天使	高遠勲・郁	文芸社	2003
	18	時は生命	中村禮子	新風舎	2004
	19	瞳スーパーデラックス	猿渡　瞳	西日本新聞社	2005
	20	ママ，笑っていてね	猿渡瞳・直美	アスキー	2007
	21	永遠の子ども	フィリップ・フォレスト	集英社	2005
	22	ジャンケン靴	岡田やよい	万葉舎	2005

■小児がん／脊髄腫瘍

分類		書名	著者名	出版社	発行年
小児がん 6	1	ママだーいすき	相戸絢子	渓水社	1986

■小児がん／仙骨奇形腫

分類		書名	著者名	出版社	発行年
小児がん 7	1	さとこウルトラマン	片田常世	文芸社	2001

■小児がん／悪性リンパ腫

分類		書名	著者名	出版社	発行年
小児がん 8	1	生きる日の楽しさよ	尾下康男，美代子	自費出版	1993
	2	碧い夜明けに母となる	浅野多歌子	遊タイム出版	1995
	3	大介・二十二歳の軌跡	戸澤富雄	萌文社	1996

分類		書名	著者名	出版社	発行年
小児がん 8	4	生まれてくれてありがとう	中山洋子	東銀座出版社	1998
	5	神様のおてつだい	吉沢由利子	文芸社	1999
	6	ぼく, 何も悪いことしていないのに	小笠原勝美,靖子	文芸社	2002

■小児がん／悪性リンパ腺肉腫・腎不全

小児がん 9	1	いのち抱きしめて	川西眞弓	ダイナミックセラーズ	1986

■小児がん／血球貪食症候群

小児がん 10	1	もう一度, えりこと話したい	橋田誓子	扶桑社	2004

■小児がん／バーキットリンパ腫

小児がん 11	1	わが子ががんになったとき	シェラリン・ゲイズ	講談社	1994

■小児がん／ユーイング肉腫

小児がん 12	1	螢	デイヴィッド・マレル	早川書房	1992
	2	命とは, 生とは, 人生とは	仲野良介	同文書院	1993
	3	がんばれば, 幸せになれるよ	山崎敏子	文藝春秋	2002
	4	少しは, 恩返しができたかな	北原美貴子	講談社	2005
	5	なんくるないさぁ。	吉野やよい	主婦と生活社	2005
	6	神様, 私をもっと生きさせて!	神田麻希子	こう書房	2006
	7	遊雲さん　父さん	有国智光	本願寺出版社	2008

■小児がん／神経芽細胞腫

小児がん 13	1	聖子は鳥になった	高橋和子	潮出版社	1985
	2	吾子よ, 永遠に	門田家尉子	潮文社	1991

分類		書名	著者名	出版社	発行年
小児がん 13	3	さっちゃんウソついてごめんネ	内田久子	長崎文献社	1991
	4	笑ってるお母さんが好き	戸高真弓美	双葉社	1997
	5	ロロちゃん　ごめんなさい	垣水由美子	自費出版	1999
	6	景子ちゃんありがとう	鈴木中人	郁朋社	2001
	7	いのちのバトンタッチ	鈴木中人	致知出版社	2003
	8	さとみの青春	村上淳子	静岡新聞社	2001
	9	天国の我が子へ，そして子供たちへ「見てるか，お父さんを」	大津賢司	文芸社	2002
	10	空を見上げて	横山直江	ガリバープロダクツ	2006
	11	僕は，なんのために生きてきたんだ！	太田哲生	清流出版	2006

■小児がん／網膜芽細胞腫

分類		書名	著者名	出版社	発行年
小児がん 14	1	ママの目をあげたい	長谷枝美子	小学館	1986
	2	ニュウニュウ	周国平	PHP	2003

■小児がん／卵巣がん

分類		書名	著者名	出版社	発行年
小児がん 15	1	より子，天使の歌声	小笠原路子・より子	フジテレビ出版	2002

■小児がん／下顎がん

分類		書名	著者名	出版社	発行年
小児がん 16	1	弥生ちゃんはかぐや姫	井上育子	あいわ出版	1987

■小児がん／白血病

分類		書名	著者名	出版社	発行年
小児がん 17	1	れいこちゃんごめんね	猪狩真平	協文社	1963
	2	おにいちゃんは一ばんぼし	宮上行生・宮上ミヤ子	創芸社	1977
	3	リカに命をわけてください	宇津木澄	講談社	1979
	4	コスモスのように	鹿村由紀子	祥伝社	1982
	5	聞こえますか生命の歌	鹿村由紀子	クレスト社	1993

分類		書名	著者名	出版社	発行年
小児がん 17	6	愛惜抄－息子へ	夏見昌子	出版開発社	1982
	7	みんな恵理がすきだった	牧野昭次郎	自費出版	1984
	8	エリー	ジョナサン・B・タッカー	保健同人社	1985
	9	パパぼく息とめたくないよ	テリー・ブリングル	春秋社	1985
	10	わが子よ 白血病と闘った息子と父の物語	テリー・ブリングル	春秋社	1999
	11	走れ！弟の魂よ	吉村真千子	立風書房	1986
	12	ママ，ごめんね	植木誠・亜紀子	教研学習社	1986
	13	あつ子の日記	植木誠・亜紀子	教研学習社	1986
	14	あっ子ちゃんの愛の一生	植木亜紀子	教研学習社	1991
	15	エリック－1640日の青春	ドリス・ランド	三笠書房	1987
	16	小児ガン病棟日記	貝瀬久枝	教育史料出版会	1987
	17	お母ちゃんごめんね長く生きられなくて	坂本玲子，禮二郎	あすなろ社	1988
	18	ぼく負けないぞ	森 光好	北海道新聞社	1988
	19	最後に一言ありがとう	木村三男・みよ子	けやき出版	1989
	20	いのち見つめて	北国新聞編集局	北国新聞社	1990
	21	生命つきるとも	神宮司きよ子	山梨ふるさと文庫	1990
	22	お母さん，笑顔をありがとう！	小川陽子	偕成社	1990
	23	お母さん「ガン」てなあに？	沖崎和子	いなほ書房	1991
	24	陽介，パパがついてるぞ	西田 修	かもがわ出版	1992
	25	ひろみの笑顔	増田三男・利子	自費出版	1993

分類		書名	著者名	出版社	発行年
小児がん 17	26	麻意ね，死ぬのがこわいの	石黒美佐子	立風書房	1993
	27	死を見つめたわが子麻意の三年	石黒美佐子	朝日新聞社	1993
	28	マモ，天国の住所を教えて	小野寺南波子	あけび書房	1993
	29	ぼく，生きたかった	島田浩一	自費出版	1994
	30	一卵性父子と言われて	杉田允彦	近代文藝社	1995
	31	微笑がえし	遠藤 允	あけび書房	1995
	32	ちひろ16歳の記憶	木村英夫・木村純子	御園書房	1995
	33	悠君ごめんね	高橋照雄・真知子	マルジュ社	1996
	34	白血病の息子が教えてくれた医者の心	丹羽靱負	草思社	1998
	35	明日も必ず晴れますように	中島佐知子・宗田理	角川書店	1998
	36	ジェイミー	セーラー・バークリー	清流出版	1998
	37	虹ちゃん日記	虹ママ	新風舎	1999
	38	私の運命	加藤祐子	出版藝術社	2000
	39	わかったか，白血病相手みてからけんか売れ	池田泰佑	メディアファクトリー	2002
	40	天使の笑顔 夏摘	手崎和奈	文芸社	2002
	41	まきと わがままいったかな？	西沢聖長・なみ子	文芸社	2002
	42	生きぬいて！愛娘母は負けないよ	小西豊海	文芸社	2003
	43	誰か僕を助けてよ！	東山奈緒美	文芸社	2003
	44	命のアサガオ 永遠に	丹後まみこ・神津伸子	晶文社	2005
	45	Wish 希望があれば道は拓ける	山口 幸	文芸社	2005

分類		書　名	著者名	出版社	発行年
小児がん 17	46	ずっとそばにいるよ－天使になった航平－	横幕真紀	ゆいぽおと	2006

■小児がん／脳腫瘍・白血病

分類		書　名	著者名	出版社	発行年
小児がん 18	1	みぽりんのえくぼ	岡田典子・岡田美穂	文芸社	2005

■小児がん／脳腫瘍

分類		書　名	著者名	出版社	発行年
小児がん 19	1	死よ驕るなかれ	ジョン・ガンサー	岩波新書	1950
	2	お母さんと言って	瀬谷道子	新日本出版社	1983
	3	ケンの脳外科手術	小野博通	ちくま少年図書館87	1985
	4	海へいきたい	小杉正圀・喜子	自費出版	1985
	5	小さな命燃え尽きて	三輪和雄	講談社文庫	1988
	6	勇敢な心	ジョアン・ジレスピー	飛鳥新社	1991
	7	あ?か?さ?た?な?で話そうね	田中紀代和	エムビーシー21	1991
	8	恭子　十五歳の春に	根岸美千代	自費出版	1993
	9	ではまた明日	西田英史	草思社	1995
	10	五月の晴れた日のように	上野祥子	確文堂	1996
	11	春菜のおくりもの	高松真理子・波多江伸子	梓書院	2000
	12	あの橋を越えたら	辛島裕樹	文芸社	2000
	13	すこしだけ微笑んで	四ケ所ふじ美	海鳥社	2005
	14	真帆－あなたが娘でよかった－	内梨昌代・真帆	ウインかもがわ	2005
	15	いのちのいろえんぴつ	詩絵・豊島加純，絵・マイケル・グレイニエツ，文・こやま峰子	教育画劇	2006

分類		書 名	著者名	出版社	発行年
小児がん 19	16	涙のち笑顔	布川敏和・かおり	講談社	2007
	17	にいにのことを忘れないで	川上ますみ	文芸社	2007

3. 疾病

■疾病分類表（編集方針③参照）

分類	病名
疾病 1	ADA 欠損症
疾病 2	アクロメガリー（先端巨大症・脳下垂体腫瘍）
疾病 3	アトピー
疾病 4	アレルギー
疾病 5	インスリノーマ
疾病 6	院内感染
疾病 7	ウィルソン病
疾病 8	ウェルドニッヒ・ホフマン病（進行性脊髄性筋萎縮症）
疾病 9	エイズ（後天性免疫不全症候群）
疾病 10	円形脱毛症
疾病 11	炎症性多発性仮性動脈瘤
疾病 12	黄斑変性
疾病 13	潰瘍性大腸炎
疾病 14	角膜ヘルペス
疾病 15	化学物質過敏症
疾病 16	顎関節症
疾病 17	川崎病
疾病 18	肝炎
疾病 19	下肢閉塞性動脈硬化

疾病 20	肝硬変
疾病 21	顔面奇形
疾病 22	吃音
疾病 23	急性アルコール中毒
疾病 24	巨細胞腫
疾病 25	強直性脊椎炎
疾病 26	(神経性)筋萎縮症
疾病 27	筋萎縮性側索硬化症(ALS)
疾病 28	筋ジストロフィー(進行性筋萎縮症)
疾病 29	筋ミオパシー(ミオパチー)
疾病 30	ギランバレー症候群
疾病 31	ギランバレー症候群・膠原病
疾病 32	クルーゾン症候群(クルゾン症候群)
疾病 33	クローン病
疾病 34	形成異常
疾病 35	頸肩腕障害・乳がん・パーキンソン病
疾病 36	頸椎損傷
疾病 37	頸椎損傷・C 型肝炎
疾病 38	頸椎後縦靭帯骨化症
疾病 39	頸動脈海綿静脈洞瘻
疾病 40	結核
疾病 41	結節性硬化症
疾病 42	結腸憩室炎
疾病 43	血友病 B
疾病 44	後縦靭帯骨化症
疾病 45	口蓋裂症(口蓋破裂)
疾病 46	更年期障害

疾病 47	股関節症
疾病 48	股関節脱臼
疾病 49	膠原病
疾病 50	コケイン症候群
疾病 51	骨形成不全症
疾病 52	骨折
疾病 53	再生不良性貧血
疾病 54	サリドマイド
疾病 55	サルコイドーシス
疾病 56	痔
疾病 57	GM1 ガングリオシドーシス
疾病 58	歯科矯正
疾病 59	色素性乾皮症（XP）
疾病 60	視神経炎
疾病 61	重症筋無力症
疾病 62	硝子体過形成遺残
疾病 63	掌蹠膿胞症性骨関節炎
疾病 64	小児マヒ（ポリオ，脳性小児マヒ）
疾病 65	神経線維腫症（レックリングハウゼン病）
疾病 66	じん肺
疾病 67	子宮筋腫
疾病 68	子宮内膜症
疾病 69	自己免疫性溶血性貧血
疾病 70	腎不全
疾病 71	腎炎・ネフローゼ
疾病 72	腎不全・大腸がん・脳卒中
疾病 73	尋常性天疱瘡

疾病 74	尋常性乾癬／特発性血小板／減少性紫斑病／強直性脊椎炎
疾病 75	（急性）膵炎
疾病 76	ステイフツマン症候群
疾病 77	ステロイド軟膏禍（アトピー関連。仮に置く）
疾病 78	スモン病
疾病 79	脊椎カリエス
疾病 80	脊髄損傷
疾病 81	脊髄損傷／乳がん
疾病 82	脊椎骨折＆慢性関節リューマチ
疾病 83	脊柱側彎症（脊椎側湾症）
疾病 84	脊柱管狭窄症
疾病 85	線維筋痛症
疾病 86	先天性胆道閉塞症（胆道閉鎖症）
疾病 87	先天性くる病
疾病 88	喘息
疾病 89	前立腺肥大症
疾病 90	早老症（プロゲリア）
疾病 91	多発性硬化症
疾病 92	胆石
疾病 93	（原発性）胆管硬化症
疾病 94	椎間板ヘルニア
疾病 95	低体温症
疾病 96	トゥレット症候群（チューレット病）
疾病 97	糖原病（進行性筋萎縮症に含まれる。）
疾病 98	糖尿病（1型＝インスリン依存型，小児糖尿病を含む。）
疾病 99	薬物中毒（薬物依存症）
疾病 100	二分脊椎症

疾病 101　乳幼児突然死症候群（SIDS）
疾病 102　乳腺炎
疾病 103　熱射病（熱中症）
疾病 104　熱傷
疾病 105　ネフローゼ症候群
疾病 106　白内障
疾病 107　肺高血圧症
疾病 108　肺リンパ脈管筋腫症（LAM）
疾病 109　バセドウ病
疾病 110　ハーラー症候群
疾病 111　バレ・リュー症候群（頸部交感神経刺激症状）
疾病 112　ハンセン病（らい病）
疾病 113　ハンチントン病
疾病 114　反復性硝子体出血
疾病 115　病原性大腸菌
疾病 116　不眠症
疾病 117　フリードリッヒ失調症
疾病 118　ベーチェット病
疾病 119　ポルフィリン症
疾病 120　マルファン症候群
疾病 121　慢性呼吸不全
疾病 122　ミトコンドリア病
疾病 123　未熟児網膜症
疾病 124　ムコ多糖症
疾病 125　無腐性壊死
疾病 126　網膜剥離
疾病 127　盲腸炎（虫垂炎）

疾病 128 　ヤコブセン症候群

疾病 129 　ユニークフェイス（仮称）

疾病 130 　腰椎圧迫骨折

疾病 131 　腰部脊椎管狭窄症

疾病 132 　溶連菌感染症

疾病 133 　ライ症候群

疾病 134 　リウマチ

疾病 135 　リウマチ熱

分類	書　名	著者名	出版社	発行年

■ADA欠損症

疾病1	1　いのちの遺伝子	中部　博	集英社	1998

■アクロメガリー（先端巨大症・脳下垂体腫瘍）

疾病2	1　外見オンチ闘病記	山中登志子	かもがわ出版	2008

■アトピー

疾病3	1　娘，麻里也とともに　アトピーと闘って…	秋川リサ	T・I・S	1995
	2　アトピーに克つネットワーク	金子弘美	廣済堂	1996
	3　アトピー息子	まついなつき	情報センター出版局	1999
	4　アトピーなんかに絶対負けない！	小山みゆき	文芸社	2004
	5　アトピーな日々	藤村由美子	朱鳥社	2005

■アレルギー

疾病4	1　アレルギーとたたかうイサベル	トーマス・ベリイマン	偕成社	1994
	2　アレルギーと生きる	島村由花	フーコー	2000
	3　未完成アレルギーっ子行進曲	佐藤のり子	健友館	2002

分類		書名	著者名	出版社	発行年

■インスリノーマ

疾病5	1	ママ がんばれ！	森本信雄	文芸社	2004

■院内感染

疾病6	1	院内感染	富家恵海子	河出書房新社	1990
	2	院内感染	富家恵海子	河出文庫	1997
	3	院内感染ふたたび	富家恵海子	河出書房新社	1992
	4	院内感染ふたたび	富家恵海子	河出文庫	1997
	5	院内感染のゆくえ	富家恵海子	河出書房新社	1995
	6	院内感染のゆくえ	富家恵海子	河出文庫	1997
	7	院内感染からの生還	滝沢海南子	新評論	1993
	8	死の淵より還りて	中川清治	審美社	1993
	9	院内感染	辻 和男	自由国民社	1997
	10	院内感染	竹森みさほ	新生出版	2004

■ウィルソン病

疾病7	1	贈られた命－肝臓移植で蘇ったわが子	パリケール・ヨントー他	メディカ社	1988
	2	さようならプータ	福山隆・福山朝江	自費出版	1996
	3	A7	山本さちこ	新風舎	2006

■ウェルドニッヒ・ホフマン病（進行性脊髄性筋萎縮症）

疾病8	1	美土里くんありがとう	きたがわてつ・林容子	あけび書房	1984
	2	いつかの未来は夏の中	小沢由美	七賢出版	1995
	3	命いっぱいに，恋	朝霧裕（小沢由美）	水曜社	2004
	4	やっくんの瞳	児玉容子	岩波書店	1996
	5	ぼくの家は病院	立石郁雄	中日新聞本社	1997
	6	ウルトラの大将	河合慶子	住宅新報社	1997
	7	魔法の小箱をかかえた少年	荒井智子	日本図書刊行会	1998

分類		書　名	著者名	出版社	発行年
疾病8	8	アリーチェは天使になりました	アリーチェ・ストリアーレ	立風書房	1998
	9	命の地平線	上田賢次	毎日新聞社	2000
	10	車イスといっしょに旅に出よう！	勝矢光信	日本経済新聞社	2000
	11	泣いて，笑って，ありがとう	海老原けえ子	碧天社	2003
	12	晃一くんの桜吹雪	荒木智子・浦野明美	クリエイツかもがわ	2004
	13	あかり，みんなといっしょ	大竹元子編著，田中茜吏作品・写真	クリエイツかもがわ	2006
	14	ひらり・ふわり…	西本有希	アットワークス	2007

■エイズ（後天性免疫不全症候群）

分類		書　名	著者名	出版社	発行年
疾病9	1	エイズを生きる	ウイリー・ローゼンボウム，他	技術と人間	1987
	2	なぜ私が	ジュリエット	朝日新聞社	1988
	3	感染	G・ヨンソン，B・ヨンソン，ビヤネール多美子	学陽書房	1989
	4	あたりまえに生きたい	赤瀬範保	木馬書館	1991
	5	冬の銀河　増補版	草伏村生	不知火書房	1992
	6	エイズと闘った少年の記録	ライアン・ホワイトアン・マリー・カニンガム	ポプラ社	1992
	7	いのちの輝き	石田吉明	岩波書店	1993
	8	止まらない時計	志村　岳	小学館	1993
	9	そして僕らはエイズになった	石田吉明・小西熱子	晩聲社	1993
	10	いくつもの朝を迎えて	ポール・A・サージョス	DHC	1993

分類		書　名	著者名	出版社	発行年
疾病9	11	愛より気高く	ドミニク・ラピエール	飛鳥新社	1993
	12	天使のいない街	エリザベス・グレイザー	共同通信社	1993
	13	ティナの贈りもの	伊藤　操	TBSブリタニカ	1994
	14	原告番号十二番	吉松満秀	葦書房	1995
	15	エイズを100倍楽しく生きる	大貫武，他	径書房	1995
	16	せかんど・かみんぐあうと	大石敏寛	朝日出版社	1995
	17	龍平の未来	広河隆一・川田悦子	講談社	1995
	18	龍平の現在	川田龍平	三省堂	1996
	19	ぼくらが語り合った七日間	川田龍平・TOSHI	七賢出版	1996
	20	生きぬいて愛したい	草伏村生	不知火書房	1996
	21	薬害エイズを生きる	西野瑠美子	明石書店	1996
	22	魂の旅	佐伯宣子，エンリコ・モンテレオーネ	中央公論社	1996
	23	不真面目な十七歳	バルバラ・サムソン	紀伊国屋書店	1996
	24	12歳・命の輝き	鈴木英二・坂本博	あすか書房	1997
	25	奇跡の生還	マーロン・ジョンソン	ソニーマガジンズ	1997
	26	エイズで死んだ父へ	スーザン・バーグマン	晶文社	1997
	27	ゴッド・ブレス・ミー	福田慶一郎	新風舎文庫	2006
	28	命のキャンドルライト	宇津見祐磨	アットワークス	2007

■円形脱毛症

分類		書　名	著者名	出版社	発行年
疾病10	1	誰も知らない円形脱毛症	ひとりがもの会・阿部更織	同時代社	2001

分類		書　名	著者名	出版社	発行年
疾病10	2	あなただけではない円形脱毛症	円形脱毛症を考える会	同時代社	2005

■炎症性多発性仮性動脈瘤

疾病11	1	バイバイ　お母さん	横山由美子	自費出版	2004

■黄斑変性

疾病12	1	「お父さん　ほら，山が山が見えるよ！」	金山広美	山と渓谷社	2001

■潰瘍性大腸炎

疾病13	1	リセット　失ったもの・得たもの	小坂県司	新風舎	2001
	2	一病息災	藤原正三	文芸社	2003

■角膜ヘルペス

疾病14	1	透きとおった贈り物	佐々木美代子	新潮社	1990

■化学物質過敏症

疾病15	1	どこへ行けばいいの	山内稚恵	日本図書刊行会	1998
	2	ある日化学物質過敏症	山内稚恵	三省堂	2003
	3	化学物質過敏症　家族の記録	小峰奈智子	農文協	2000

■顎関節症

疾病16	1	歯で殺されないために	岬　奈美	JDC	1996
	2	勇気をください	吉武祥子	鳥影社	2002

■川崎病

疾病17	1	朝をください－川崎病と闘った隆の記録	浅井　満	径書房	1986
	2	川崎病にかかった小さな命	清水彰／秩加	かもがわ出版	1996

分類		書名	著者名	出版社	発行年

■肝炎

疾病18	1	肝炎とたたかう	永田 勉	河出書房新社	1982
	2	聖母病院の友人たち	藤原作弥	新潮文庫	1986
	3	聖母病院の友人たち	藤原作弥	教養文庫	1992
	4	生命ありがとう	遠藤雅子	新潮社	1986
	5	私の肝臓病	高見茂人	勁草書房	1990
	6	いっしょに泳ごうよ	石川ひとみ	集英社	1993
	7	C型肝炎と闘う	馬場錬成	講談社	1996
	8	片肺飛行ウイルスと共に	松原澄子	ノベル出版	1997
	9	C型肝炎に勝った	土谷恭生	自費出版	1999
	10	C型肝炎とともに生きる	景山昇一	マキノ出版	2000
	11	虹の彼方へ	小柳寿美子	文芸社	2000
	12	C型肝炎に出会って	川口順子	文芸社	2004
	13	It's now or never	福田衣里子	書肆侃侃房	2006

■下肢閉塞性動脈硬化

疾病19	1	ただいま入院中	曽我部則之	文芸社	2003

■肝硬変

疾病20	1	静かな焔	福井智子	祥文社	1990
	2	肝移植　私は生きている	青木慎治	新潮社	1991
	3	移植から10年	青木慎治	はる書房	1999
	4	死の淵からの帰還	野村祐治	岩波書店	1997
	5	きいろのなみだ	吉川浩司	中経出版	1999
	6	つぅさん，またね。	鶴田保子	ベースボールマガジン社	2000
	7	僕は，これほどまで生きたかった	萩原正人（キリングセンス）	扶桑社	2001
	8	僕は，これほどまで生きたかった	萩原正人（キリングセンス）	扶桑社文庫	2003

分類		書名	著者名	出版社	発行年
疾病20	9	パパは明日へ跳んでっちゃった	瀧安治・史子	自費出版	2004

■顔面奇形

| 疾病21 | 1 | ボーイ　デイビッド | マージョリー・ジャクソン | KKタイナミックセラーズ | 1988 |
| | 2 | 昴 | 中野恵子 | 自費出版(桐原書店出版センター) | 1989 |

■吃音

疾病22	1	教授の吃音　ある言語障害克服の記録	副島万理夫	そしえて	1994
	2	吃音!吃音者のどこが悪い?	藤樹拓也	文芸社	2002
	3	何が私を変えたか	田中保彦	文芸社	2003
	4	こうして私は吃音を治した	丹野裕文	健友館	2003

■急性アルコール中毒

| 疾病23 | 1 | オーイ　まさぁーき! | 東　孝 | 文芸社 | 2001 |

■巨細胞腫

| 疾病24 | 1 | 美しく歩きたい | 小堀美智子 | 講談社出版サービスセンター | 2005 |

■強直性脊椎炎

| 疾病25 | 1 | 笑顔をありがとう | まつおかさわこ | 広池学園出版部 | 1998 |

■(神経性)筋萎縮症

| 疾病26 | 1 | 無声の喋り | 吉村義正 | 清風堂出版社 | 1999 |

分類		書名	著者名	出版社	発行年

■筋萎縮性側索硬化症（ALS）

分類		書名	著者名	出版社	発行年
疾病27	1	平眠－わが母の願った『安楽死』	鈴木千秋	新潮社	1978
	2	残されし日を見つめて	村松良男	風媒社	1981
	3	しんぼう　死を見つめて生きる	川口武久	静山社	1983
	4	続しんぼう　死を見つめて生きる	川口武久	静山社	1985
	5	菊化石	川口武久	創風社	1993
	6	妻のぬくもり　蘭の紅	折笠智津子	主婦の友社	1986
	7	死出の衣は	折笠美秋	富士見書房	1989
	8	いのち燃やさん	日本ALS協会	静山社	1987
	9	この両手に力をください	佐藤力子	自費出版	1987
	10	翼をください	佐藤力子	照林社	1990
	11	筋肉はどこへ行った　新訂版	河合亮三	静山社	1987
	12	ある難病患者のつぶや記	松嶋禮子	静山社	1988
	13	遠い空	岡本良三	静山社	1988
	14	忘れな草	菅原和子	静山社	1989
	15	生きる証に	土屋敏昭・NHK取材班	日本放送出版協会	1989
	16	翔べ，自由に	篠原糸美	静山社	1990
	17	照る日かげる日	ジュディ・オリバー	サイマル出版会	1991
	18	いのち咲かせて	柚木美恵子	自費出版	1991
	19	愛はいつまでも絶ゆることなし	鈴木康之	講談社出版サービスセンター	1993
	20	生きている　生きねばならぬ　生きられる	土屋とおる	静山社	1993
	21	九階東病棟にて	知本茂治	メディカ出版	1993
	22	命燃やす日々	マオ　アキラ	文溪堂	1993

分類		書　名	著者名	出版社	発行年
疾病27	23	最高の QOL への挑戦	ベンさんの事例に学ぶ会	医学書院	1994
	24	生と死を視つめた三年間	野本芳昭	近代文藝社	1995
	25	悪妻とのたたかい	松本　茂	静山社	1995
	26	いのちよありがとう	宮下健一	信濃毎日新聞社	1996
	27	生命のコミュニケーション	豊浦保子	東方出版	1996
	28	風のままに	犬塚久美子編	看護の科学社	1997
	29	わたし心配しかできないから	加藤誠司・郁子	自費出版	1998
	30	まぶたでつづる ALS の日々	土居巍・土居喜久子	白水社	1998
	31	いのちの瞬き	東御建田郁夫	東洋経済	1998
	32	負けてたまるか　負けたら俺の男がすたるよ	杉山　進	静山社	1998
	33	尊厳死か生か	畑中良夫	日本教文社	1999
	34	つたえてください小指奮闘記	比嘉栄達	医歯薬出版	2001
	35	生命ひとつ輝く	濱崎　進	文芸社	2001
	36	風にのせて伝えよう	長谷部みどり	無明舎	2001
	37	強く，やさしく	関口和夫	文芸社	2001
	38	泣いて暮らすのも一生笑って暮らすのも一生	照川貞喜	岩波書店	2003
	39	蹄跡	渡辺春樹	西田書店	2003
	40	神様がくれた弱さとほほえみ	西村　隆	いのちのことば社	2004
	41	早送りの人生	ダーシー・ウェイクフィールド	ソフトバンククリエイティブ	2006
	42	かりそめに置いた灯籠	宇谷出美	文芸社	2006
	43	やさしさの連鎖	佐々木公一	ひとなる書房	2006
	44	マドンナの首飾り	山崎摩耶	中央法規	2006

分類		書 名	著者名	出版社	発行年

■筋ジストロフィー(進行性筋萎縮症)

分類		書 名	著者名	出版社	発行年
疾病28	1	たとえぼくに明日はなくとも	石川正一	立風書房	1973
	2	生と死のはざまで	森山 一	真世界社	1979
	3	オスカーをたのむよ	橋本一俊・橋本日那子	新声社	1981
	4	十七歳のエチュード	矢島達也	竹内書店新社	1981
	5	宿命に挑む翼	原 佑子	一光社	1982
	6	きみは風のように	山田順子	集英社文庫	1982
	7	女といっしょにモスクワへいきたい	宇多野病院筋ジストロフィー病棟	現代出版	1985
	8	この生命燃えつきるまで	難波紘一・幸矢	キリスト新聞社	1985
	9	僕はあきらめない	宮脇輝子	桐原書店	1985
	10	二十歳 もっと生きたい	福嶋あき江・柳原和子編	草思社	1987
	11	さようならは言いたくないけれど	依田康久	櫟	1988
	12	風色に染まるキャンバス	浜田けい子	ベップ出版	1989
	13	生まれたての朝陽のように	サン・ライズ	エフエー出版	1990
	14	こころの勲章	山田富也	エフエー出版	1990
	15	全身うごかず	山田富也	中央法規	1999
	16	一万日のあぐら	五十嵐仁之助	一休社	1990
	17	春を待つこころ	今井隆裕	エフエー出版	1991
	18	神さまに質問	栗原征史	ファラオ企画	1992
	19	命の詩に心のVサイン	栗原征史	ラ・テール出版	1999
	20	わたしは思いっきり	津田たまえ・腰本文子	十月社	1993
	21	クローさんの愉快な苦労話	エーバルド・クロー	ぶどう社	1994
	22	太ちゃんと私	中谷昭子	海鳥社	1995

分類		書名	著者名	出版社	発行年
疾病28	23	先生, ぼくの病気いつ治るの	近藤文雄	中央公論社	1996
	24	あなたがいるから	志風忠義	南日本新聞開発センター	1998
	25	きょうも一日ありがとう	野崎耕二	主婦と生活社	1998
	26	魚になれた日	貝谷嘉洋	講談社	1999
	27	介助犬が家族になったとき	石田俊浩・裕美	WAVE出版	2000
	28	筋ジスに負けるな茂!	横田喜久江	メトロポリタン出版	2000
	29	いのち煌めくとき	小西弘一	ハート出版社	2000
	30	それでも私は生きる, ありのままに	早野香寿代	素朴社	2001
	31	マイナスからのスタート	鈴木信夫	文芸社	2001
	32	君にいい風吹きますように	鈴木信夫	神奈川新聞社	2004
	33	しんちゃん	文・写真・菊池和子	草土文化社	2001
	34	こんな夜更けにバナナかよ	渡辺一史	北海道新聞社	2003
	35	出会いはたからもの	土屋竜一	新風舎文庫	2003
	36	息子たちへの鎮魂歌	古島常男	川越ペンクラブ	2003
	37	死亡退院	清水哲男	南日本新聞	2004
	38	筋肉の崩壊と常に闘う男	鈴木進二	東京図書出版会	2004
	39	筋ジストロフィーの女性オーセの輝き	澤田真智子	文芸社	2004
	40	かわいくて, わがままな弟	金澤絵里子	講談社	2005
	41	愛と孤独と詩	ありのまま舎	ありのまま舎	2005

■筋ミオパシー(ミオパチー)

分類		書名	著者名	出版社	発行年
疾病29	1	いのち　燃えつきるまで	亀田智勢	日本教文社	1988

■ギランバレー症候群

分類		書名	著者名	出版社	発行年
疾病30	1	笑いごとじゃない	J・ヘラー, S・ヴォーゲル	TBSブリタニカ	1987

分類		書名	著者名	出版社	発行年
疾病30	2	笑いごとじゃない	J・ヘラー, S・ヴォーゲル	ちくま文庫	1990
	3	我, 屈せず	世良　光	実業の日本社	1992
	4	ギランバレー症候群と闘った日々	阿部次郎	文芸社	1999
	5	生かされて	田丸　務	健友館	2003

■ギランバレー症候群・膠原病

疾病31	1	野あざみは生きる	西方美智子	立風書房	1985

■クルーゾン症候群(クルゾン症候群)

疾病32	1	ママと呼んで！由くん	稲川直子	まどか出版	2001

■クローン病

疾病33	1	How to Live	清水圭梨	文芸社	2000
	2	色鉛筆がくれた希望	羽田紗織	アートダイジェスト	2003

■形成異常

疾病34	1	サム　あたたかな奇跡	トム・ホールマンジュニア	学習研究社	2003

■頸肩腕障害・乳がん・パーキンソン病

疾病35	1	すみれ日和	望月すみ江	教育史料出版会	2006

■頸椎損傷

疾病36	1	愛, 深き淵より	星野富弘	立風書房	1981
	2	愛, 深き淵より　新版	星野富弘	立風書房	2000
	3	生きるってすばらしいね	望月春江	日本看護協会出版会	1981
	4	生きるってすばらしいね　増補版	望月春江	日本看護協会出版会	1998
	5	1年遅れのウエディングベル	戸沢ひとみ	日本テレビ	1986

分類		書　名	著者名	出版社	発行年
疾病36	6	気分は愛のスピードランナー	鈴木ひとみ	日本テレビ	1987
	7	命をくれたキス	鈴木ひとみ	小学館	1992
	8	ぼくに涙は似合わない	千賀康司	エフエー出版	2000
	9	上の空	藤川　景	三五館	1993
	10	五秒間ほどの青空	藤川　景	三五館	1997
	11	奈美ちゃんの赤い靴	矢貫　隆	日本経済新聞社	1993
	12	あの子の笑顔は永遠に	笹井裕子	自費出版	1995
	13	わが家の太陽，建ちゃん	笹井裕子	文芸社	1995
	14	でも　やっぱり歩きたい	滝野澤直子	医学書院	2002
	15	がべちゃん先生の自立宣言	曽我部教子	樹心社	1996
	16	期待せず諦めず	逎所彊ニ	近代文藝社	1996
	17	車椅子のヒーロー	クリストファー・リーブ	徳間書店	1998
	18	スパークリング	彩永真司	集英社	1999
	19	やさしい風になれたら	千代泰之	樹心社	2002
	20	手足は動かぬとも	赤坂　謙	碧天舎	2003
	21	そよかぜの絵の具	築地美恵子	PHP研究所	2003
	22	さよちゃんのママは車椅子	松上京子	小学館	2005

■頸椎損傷・C型肝炎

分類		書名	著者名	出版社	発行年
疾病37	1	愛という虹の架け橋	岡崎　愛	文芸社	2004

■頸椎後縦靭帯骨化症

分類		書名	著者名	出版社	発行年
疾病38	1	九段坂から	岩城宏之	朝日新聞社	1988
	2	九段坂から	岩城宏之	朝日文庫	1994

■頸動脈海綿静脈洞瘻

分類		書名	著者名	出版社	発行年
疾病39	1	稀病と仲よく	藤田尚男	最新医学社	1997

■結核

分類		書名	著者名	出版社	発行年
疾病40	1	病とたたかう	和達清夫	国書刊行会	1987

分類		書　名	著者名	出版社	発行年
疾病40	2	結核病棟物語	斎藤綾子	思想の科学社	1989
	3	結核病棟物語	斎藤綾子	新潮文庫	1997
	4	病気と私	ベティ・マクドナルド	晶文社	1989
	5	還ってきた手紙	北村比呂志	彌生書房	1993
	6	夢覚めてなを	山城直明	新風舎	1996
	7	ある猛烈ビジネスマンの知的闘病日記	出口和生	到知出版社	1998
	8	吾が闘病	賀川豊彦・村島帰之・今吹柳之助監修	今吹出版社	2006
	9	イカリ少年がもらった奇跡の手紙	碇　浩一	青春出版社	2006

■結節性硬化症

分類		書　名	著者名	出版社	発行年
疾病41	1	この子と生きる	伊藤　博	芳賀書店	2001

■結腸憩室炎

分類		書　名	著者名	出版社	発行年
疾病42	1	水引き草の詩	藤原宰江	医学書院	1990

■血友病B

分類		書　名	著者名	出版社	発行年
疾病43	1	いのちの賛歌	大橋雄守	恒友出版	1982
	2	雲の上は明日も青空	大橋雄守	恒友出版	1988
	3	たった一度の人生徹楽	大橋雄守	恒友出版	1994

■後縦靭帯骨化症

分類		書　名	著者名	出版社	発行年
疾病44	1	在宅介護二〇年	朝倉さく	武蔵野書店	1996

■口蓋裂症（口蓋破裂）

分類		書　名	著者名	出版社	発行年
疾病45	1	父が娘に綴ったある一冊の日記	山本祥一朗	リヨン社	1994
	2	僕の歩いてきた道一期一会	辻本修身	文芸社	2003

分類		書名	著者名	出版社	発行年

■更年期障害

疾病46	1	47歳の私に起こったこと	ゲイル・サンド	大和書房	1994
	2	更年期を迎える	C・スー・ファーマン	三田出版会	1996
	3	女はみんな華になれ	黛ジュン	世界文化社	2003
	4	寛太郎物語	伊東千佳子	叢文社	2003
	5	誰も教えてくれない！女のカルテ	久郷純胡	新風舎	2004
	6	失われた私の十年	中山美恵子	文芸社	2005

■股関節症

疾病47	1	変形性股関節症の人たちのために	村瀬鎮雄・吉田和子	ぶどう社	1988
	2	股関節手術を受けて30年	飯田栄子	日本股関節研究振興財団	1997
	3	股関節症15年の記録	渡辺千賀子	九段舎	1997
	4	歩けるって幸せ！	ダ・カーポ	講談社	1997
	5	左足は反抗期	古田 香	文芸社	1997

■股関節脱臼

疾病48	1	かほちゃんと過ごした66日間	青山 平	新風舎	2005

■膠原病

疾病49	1	黄色いリンゴ	横江平吉	サンケイ出版	1978
	2	死の淵からの生還	ノーマン・カズンズ	講談社	1981
	3	笑いと治癒力	ノーマン・カズンズ	岩波書店（同時代ライブラリー）	1995
	4	笑いと治癒力	ノーマン・カズンズ	岩波現代文庫	2001

分類		書名	著者名	出版社	発行年
疾病49	5	生への意欲	ノーマン・カズンズ	岩波書店(同時代ライブラリー)	1996
	6	天国へとどけ 14歳の絶筆	浅貝　秀	恒友出版	1981
	7	この命縮めても	渡辺和子・義臣	大和書房	1982
	8	太陽へのラブレター	鈴木十三・鈴木千代子	一光社	1984
	9	生と死と愛のはざまで	大町貴子	一光社	1989
	10	忍冬(すいかずら)のように	水上　學	医学書院	1994
	11	銀のしずく	古結芳子	エピック	1995
	12	ごめんね，真理ちゃん	石井みき子	近代文芸社	1996
	13	あした葉のように	皆川容子	エピック	1998
	14	入院が待ち遠しい!?	石川早苗	自費出版	2000
	15	一緒に生きていこうよ	東　麻弥	健友館	2001
	16	安奈淳，膠原病と闘う	安奈　淳	法研	2004
	17	トモコという名で 17 で	青竹扶美	膠原病友の会栃木県支部	

■コケイン症候群

分類		書名	著者名	出版社	発行年
疾病50	1	アハハと笑って明日も元気	岡田時世	文芸社	2004

■骨形成不全症

分類		書名	著者名	出版社	発行年
疾病51	1	しろつめ草	岩﨑麻里子・絵里子	髙城書房	1999
	2	ガラスの骨	岩本良子	総合法令	2001
	3	それでも僕は笑っていたい	有馬啓之	文芸社	2003

■骨折

分類		書名	著者名	出版社	発行年
疾病52	1	本当に骨が折れた話	竹本哲子	日本之薔薇社	1990
	2	転んだあとの杖	島田とみ子	未来社	2000
	3	スッチーの入院日記	吉田えりか	文芸社	2000
	4	私がアナウンサー	菊間千乃	文藝春秋	2001

分類		書名	著者名	出版社	発行年
疾病52	5	転んでもタダでは起きない！	佐藤睦郎	新風舎	2005

■再生不良性貧血

疾病53	1	オデッセイ1983　溝口潔遺文集	溝口　潔	荒地出版	1983
	2	希望　骨髄移植絵物語	小坂国男	花伝社	1994
	3	再生不良性貧血からの生還	一柳　明	同時代社	1997

■サリドマイド

疾病54	1	もう手足がなくたって	M・ウォーレス,他	日本教文社	1981
	2	旅立とう，いま	吉森こずえ	日本放送出版協会	1981
	3	翔べ！浩	高橋幸春	桐原書店	1983
	4	青い鳥はいなかった	飯田　進	不二出版	2003
	5	典子44歳　いま伝えたい	白井のり子	光文社	2006

■サルコイドーシス

疾病55	1	たんぽぽ2　闘病日記　難病と共に生きて	鈴木照代	丸善プラネット	1998

■痔

疾病56	1	痔物語	竹村芳樹	新風舎	1994
	2	おしりの秘密	痔主隊	飛鳥新社	1995
	3	ぢじょでん	大西由香	双葉社	1996
	4	痔実	日高善太	東洋出版	1999

■GM1ガングリオシドーシス

疾病57	1	hide「がんばんだぞ」	遠藤　允	小学館	1998

■歯科矯正

疾病58	1	看護婦が書いた本音の歯科矯正日記	竹内輝江	文芸社	2001

分類		書　名	著者名	出版社	発行年
■色素性乾皮症（XP）					
疾病59	1	月夜に遊ぶ天使たち	越阪部重之	新潮社	2003
■視神経炎					
疾病60	1	夜はまだあけぬか	梅棹忠夫	講談社	1989
	2	夜はまだあけぬか	梅棹忠夫	講談社文庫	1995
■重症筋無力症					
疾病61	1	愛の詩　母さんより早く死にたい	水村一美	竹書房	1976
	2	筋無力症とともに生きる	ジーン・W・ケンプトン	保健同人社	1983
	3	筋無力症を乗り越えて	今井米子	長崎出版	1986
	4	きっと明日は	江崎雪子	ポプラ社	1989
	5	きっと明日は	江崎雪子	ポプラ社私の生き方文庫	2002
	6	患者になってみえる看護　難病が教えてくれたこと	長濱晴子	医学書院	1996
	7	病気の隣にやさしさがある	髙谷　修	文芸社	2001
	8	病床からの IN MY LIFE	吉川みき	扶桑社	2002
■硝子体過形成遺残					
疾病62	1	ぼくの入院日記	ひさとみ純代	健友館	2000
■掌蹠膿胞症性骨関節炎					
疾病63	1	死んでたまるか!	奈美悦子	主婦の友社	2005
■小児マヒ（ポリオ，脳性小児マヒ）					
疾病64	1	心のごちそう	畔地千代子・真由美	エフエー出版	1987
	2	生きることのはじまり	金　満里	筑摩書房	1996
	3	いじめや障害をバネにするWの決意	田崎仁巳	教育出版センター	1996
	4	私の右手はお猿の手	三好文江	新風舎	1998

分類		書 名	著者名	出版社	発行年
疾病64	5	生きられますから大丈夫ですよ	伊田みゆき	地湧社	1999
	6	おにぎりを作りたい	水間摩遊美	葦書房	2001
	7	ボクは見せ物ですか？	小山俊幸	早稲田出版	2001
	8	車椅子のパンセ	唐澤　浩	光芒社	2001
	9	松葉杖人生	皆井伊比人	文芸社	2002
	10	風のささやき	ひらかな子	文芸社	2004
	11	いとし子	新田文男	鳥影社	2004

■神経線維腫症（レックリングハウゼン病）

疾病65	1	明日香ちゃん美しく	高橋幸春	桐原書店	1982
	2	続・明日香ちゃん美しく	高橋幸春	桐原書店	1985
	3	リサ・H	リチャード・セヴェロ	筑摩書房	1992

■じん肺

疾病66	1	涙がこぼれそうで	武藤ヒサ子	東研出版	1988

■子宮筋腫

疾病67	1	どうする子宮筋腫	女のからだと医療を考える会	オリジン出版センター	1986
	2	子宮を残したい10人の選択	斎藤敏祐	婦人画報社	1992
	3	myomaさよなら筋腫くん！	庄野真代	泉書房	2000
	4	愛しの筋腫ちゃん	横森理香	集英社be文庫	2002
	5	もっと健康，もっと幸せ	横森理香	集英社be文庫	2004 2002
	6	夢の中から	山崎淳子	文芸社	2003
	7	先生，切ってください！	石川牧子	音羽出版	2003
	8	命のメッセージ	古田　恵	文芸社	2003

分類		書　名	著者名	出版社	発行年

■子宮内膜症

疾病68	1	夕日を追って	長谷節子	自費出版	1981
	2	ドキュメント子宮内膜症	中山あゆみ	法研	1996
	3	ドキュメント子宮内膜症 赤ちゃんができた	中山あゆみ	法研	1999
	4	ゲキツー!!	平松愛理	講談社	2001
	5	子宮へのレクイエム	稲村つなみ	かまくら春秋社	2002

■自己免疫性溶血性貧血

疾病69	1	もっと生きたい	岡田真美	日本テレビ	1982

■腎不全

疾病70	1	病友よ甦れ	早川央一	白馬出版	1982
	2	愛の透析	城間芙美子	創林社	1983
	3	この命みつめて	横田清子	国際情報社	1984
	4	生の歌-透析室の中から	古庄紋十郎	ユック舎	1987
	5	愛をありがとう	中村のり子	エフエー出版	1988
	6	ふたたび愛をありがとう	中村のり子	エフエー出版	1995
	7	ふたつめの生命	宮城県難病団体連絡協議会	エフエー出版	1988
	8	命よみがえる	野村正良	愛媛新聞社	1990
	9	『腎不全』を生きて	村松満美子	ミネルヴァ書房	1991
	10	天使のはばたき	小紫恵美子	アンメディアレップ	1991
	11	ヨブの声が聞こえる	鈴木三穂子	創栄出版	1992
	12	いのちの水際を生きる	澤井繁男	人文書院	1992
	13	臓器移植者の立場から	澤井繁男	中央公論新社	2000
	14	腎臓放浪記	澤井繁男	平凡社新書	2005
	15	透析から脳死腎移植へ	秋葉膺右	はる書房	1992
	16	姉から贈られたいのち	鷺　只雄	講談社	1994
	17	腎臓病患者痛恨の記録	佐伯隆敏	現代書館	1995

分類		書名	著者名	出版社	発行年
疾病70	18	腎臓移植・希望の選択	石渡英五	サイマル出版会	1995
	19	おもいきりおしっこがしたい	鈴木龍志	テンタクル	1996
	20	人工透析10年腎臓移植体験	鈴木龍志	KKベストセラーズ	2001
	21	腎移植 透析校長奮戦記	中　義智	三省堂	1996
	22	夜の透析室から	呉那加文	サンルート看護研修センター	1997
	23	命いとおし	松浦キヨ	自費出版	1998
	24	腹膜透析とともに生きる	斉藤和典	清風堂書店	2001
	25	透析生活もまた楽しからずや	吉田晴美	文芸社	2001
	26	腎不全でもゴルフができる	箱崎　潤	文芸社	2001
	27	ホールアウト	箱崎　潤	新風舎	2004
	28	妻からの贈り物	棚橋　隆	文芸社	2001
	29	希望を持ちつづけて	福間辰郎	文芸社	2001
	30	続・希望を持ちつづけて	福間辰郎	文芸社	2004
	31	いのち炎やして	宮内　巌	自費出版（高知新聞企業）	2001
	32	透析を生きる	上島益夫	文芸社	2002
	33	ルンルン海外透析旅行	櫻井友紀	清流出版	2002
	34	水の鎧　腎移植までの6000日	後藤真哉	そうぶん社	2003
	35	通りゃんせ通りゃんせ	永井瑞江	創造出版	2003
	36	最後のキス	南雲　進	早稲田出版	2003
	37	明日を見つめて	大久保明子	新生出版	2003
	38	ファイティング・ライフ	沢里　尊	碧天舎	2003
	39	透析者として生きる	竹中敏子	けやき出版	2005
	40	あなただけは透析にさせたくない	斎藤茂樹	新風舎	2005

分類	書　名	著者名	出版社	発行年
疾病70	41　透析とともに生きる	春木繁一	メディカ出版	2005

■腎炎・ネフローゼ

疾病71	1　この子らと自由の空へ	脇坂千鶴子	新世紀出版	2005

■腎不全・大腸がん・脳卒中

疾病72	1　生きてふたたび，みたび	田村久夫	新風舎	2005

■尋常性天疱瘡

疾病73	1　半ば人生	岩上妙子	鶴屋書店	1981
	2　明るく生きなきゃ損よ	高賀富士子	ごま書房	1989

■尋常性乾癬／特発性血小板／減少性紫斑病／強直性脊椎炎

疾病74	1　難病物語	かねだかずき	文芸社	2001

■(急性)膵炎

疾病75	1　死んでたまるかもっと生きるぞ！	幸田正浩	文芸社	2001
	2　朝の来ない日	白鳥裕明	新風舎	2006

■ステイフツマン症候群

疾病76	1　死んでなんかやるもんか	太田　稔	早稲田出版	1996

■ステロイド軟膏禍（アトピー関連。仮に置く）

疾病77	1　顔つぶれても輝いて	江崎ひろこ	一光社	1988
	2　そっと涙をぬぐってあげる	江崎ひろこ	かもがわ出版	1990
	3　ステロイド　いのちの電話	江崎ひろこ	かもがわ出版	1991
	4　オレンジ色が見えた日	江崎ひろこ	かもがわ出版	1993
	5　ステロイドを止めた理由	アトピー・ステロイド情報センター	つげ書房新社	1996
	6　脱ステロイドでアトピーを治す	玉置昭治	メディカ出版	1997

■スモン病

疾病78	1　愛と闘いの序章	渡辺理恵子	立風書房	1975
	2　冬の旅	志鳥栄八郎	朝日新聞社	1976

分類		書　名	著者名	出版社	発行年
疾病78	3	果てしない坂道	友野可保	カンデラ書館	1982
	4	花いちもんめ	中村外喜子	NOVA出版	1985
	5	春は残酷である	星三枝子	毎日新聞社	1997
	6	明るいちょんちゃん	今崎暁巳	明るいちょんちゃん復刻会	2001
	7	この命，つむぎつづけて	田中百合子	毎日新聞社	2005

■脊椎カリエス

分類		書名	著者名	出版社	発行年
疾病79	1	猫と車イス	後藤安彦	早川書房	1992
	2	お母さん，ノリコ平気よ！	大村典子	草思社	1992
	3	エンジョイ自立生活	樋口恵子	現代書館	1998
	4	一人暮らしのドクターが入院したら?!	東畑朝子	グラフ社	2005

■脊椎損傷

分類		書名	著者名	出版社	発行年
疾病80	1	見えない絆	村松建夫	エフエー出版	1992
	2	ぼくはこの足でもう一度歩きたい	マルク・メルジェ	新潮社	2002
	3	ふたり	鎌形睦美	KTC中央出版	2002
	4	立った！ついに歩いた！	右近　清	樹心社	2005

■脊髄損傷／乳がん

分類		書名	著者名	出版社	発行年
疾病81	1	ママの子守歌	真道ルミ子	文芸社	2001

■脊椎骨折＆慢性関節リューマチ

分類		書名	著者名	出版社	発行年
疾病82	1	難病をのり越えて　生きることの尊さ	奥井裕子	講談社出版サービスセンター	1991

■脊柱側彎症（脊椎側湾症）

分類		書名	著者名	出版社	発行年
疾病83	1	ナチュラル	山田香保里	海拓社	1999
	2	十五歳の決断	笹岡郁子	碧天舎	2003

分類		書　名	著者名	出版社	発行年

■脊柱管狭窄症

疾病84	1	幻覚から甦って	髙橋弘子	文芸社	2001
	2	わが腰痛奮闘記	郡司道子	のべる出版	2003

■線維筋痛症

疾病85	1	つぶやきひとつ	安藤　文	自費出版(暮しの手帖)	2006

■先天性胆道閉塞症(胆道閉鎖症)

疾病86	1	さと子の日記	鈴木聡子	ひのくま出版	1982
	2	結麻ちゃん　よみがえれ!いのち	サンケイ新聞	扶桑社	1987
	3	決断－生体肝移植の軌跡	中村照久監修	時事通信社	1990
	4	笙子	工藤　威	青磁社	1990
	5	ある生体肝移植	篠宮幸男	三一書房	1991
	6	ブリスベーンの涙	水谷昌子	エフエー出版	1991
	7	いのちの細道ふくらまそう	倉見国生	桐書房	1996

■先天性くる病

疾病87	1	ちいちゃんはまけない	大野成子	自費出版	1990

■喘息

疾病88	1	パパとふたりだけにして!	君田幸一・君田なおみ	三笠書房	1987
	2	ぜんそくなんかふっ飛ばせ	竹宇治聡子	講談社	1990
	3	嵐を越えて	三島俊雄	マイライフ社	1994
	4	壺中の天	川真田忠人	自費出版	2003

■前立腺肥大症

疾病89	1	ドキュメント前立腺肥大症	入澤　俊	法研	1997
	2	五十歳からの断水(尿閉)	さかい進	郁朋社	1999
	3	泣くなオトコたち	一條光成	文芸社	2005

分類		書名	著者名	出版社	発行年

■早老症（プロゲリア）

疾病90	1	ふたたび勇気をいだいて	H・S・クシュナー	ダイヤモンド社	1985
	2	なぜ私だけが苦しむのか	H・S・クシュナー	岩波書店	1998
	3	みじかい命を抱きしめて	ロリー・ヘギ	フジテレビ出版	2004
	4	アシュリー	アシュリー・ヘギ	フジテレビ出版	2006

■多発性硬化症

疾病91	1	神様への手紙	阿南慈子	PHP研究所	1997
	2	ありがとうあなたへ	阿南慈子	思文閣出版	2001
	3	車椅子の高さで	ナンシー・メアーズ	晶文社	1999
	4	神の愛に生かされて	栗田英子	自費出版	2000
	5	一秒でも	伊藤智也	伊勢新聞社	2005

■胆石

疾病92	1	病院で寝て観て楽しかったこと	山本和夫	リヨン社	1996

■（原発性）胆管硬化症

疾病93	1	命のタイムリミット	郡　初恵	朱鳥社	2004

■椎間板ヘルニア

疾病94	1	アビコから九段坂へ	光成高志	東京経済	1993
	2	もう腰痛にはならない	五井澄子	廣済堂出版	1996

■低体温症

疾病95	1	凍る体　低体温症の恐怖	船木上総	山と渓谷社	2002

■トゥレット症候群（チューレット病）

疾病96	1	ママ，私の声をとめてちょうだい！	椎名恵子	文芸社	2001

分類		書　名	著者名	出版社	発行年
■糖原病（進行性筋萎縮症に含まれる。）					
疾病97	1	病床からの発信	原　宏道	自費出版	1994
■糖尿病（1型＝インスリン依存型, 小児糖尿病を含む。）					
疾病98	1	水野肇の糖尿病物語	水野綾子	東京書籍	1978
	2	糖尿病に勝った	隆の里俊英	立風書房（マンボウブックス）	1981
	3	いのちの交換テープ	田吹かすみ・小木曽和久	あいわ出版	1987
	4	ある日糖尿病といわれて	城戸崎愛	グラフ社	1987
	5	生きているって素晴らしい	木暮実千代	アイペックス	1989
	6	ナイスコントロール！	ビル・ガリクソン	医歯薬出版	1990
	7	糖尿列島	鴨志田恵一	情報センター出版局	1991
	8	糖尿列島	鴨志田恵一	角川文庫	1997
	9	私の糖尿病	宮崎　康	勁草書房	1992
	10	ボクの愛する糖尿病	富永一朗	同文書院	1992
	11	ぼく達はこの星で出会った	中村八大	講談社	1992
	12	歩月	出渡泰造	自費出版（ラビット出版）	1993
	13	ぼくと野球と糖尿病	新浦壽夫	文藝春秋社	1994
	14	私の愛する糖尿病	三木鶏郎	ちくま文庫	1994
	15	糖尿地獄からの生還	ミスター珍	ザ・マサダ	1994
	16	糖尿病のある人生を生き抜いた人々	井上朱実	シイーム出版	1995
	17	私の糖尿道	貴志八郎	かのう出版	1995
	18	両足をなくして　車椅子記者のたたかい	藪下彰治朗	晶文社	1996
	19	糖尿病　失明からの生還	亀井　宏	KKベストセラーズ	1997
	20	糖尿病を友として	高橋　高	紫翠会出版	1997

分類		書名	著者名	出版社	発行年
疾病98	21	わたし糖尿病なの	南昌江・南加都子	医歯薬出版社	1998
	22	私が主治医 東京糖尿病物語	渡部新太郎	日本医学出版	1998
	23	知ってる?子どもの糖尿病	上村悦子	径書房	1998
	24	糖尿病とともに90歳	大森安恵・渡邊まゆみ	プラネット	1999
	25	糖尿病からの帰還	デボラ・バタフィールド	文藝春秋	2000
	26	糖尿病さんこんにちは 150人の歩み15年	ほくとう会	名古屋リプリント	2000
	27	夫婦愛	藤木悠・晶子	アミューズブック	2000
	28	わが糖争	石川誠志	文芸社	2001
	29	もう一つの闘い	アントニオ猪木	三笠書房	2002
	30	ミス・アメリカ	ニコール・ジョンソン	女子栄養大学出版部	2002
	31	集まれ糖尿病ライフ	日本糖尿病協会	医歯薬出版	2002
	32	糖尿病を治すコツ	井狩晴男	共同通信	2003
	33	わたしの糖尿病克服法	佐藤新吾	けやき出版	2003
	34	看護婦さんが糖尿病になった	西羅芳子	新風舎	2004
	35	糖尿病はこわくない!	三町喜隆	碧天舎	2004
	36	糖尿病のある人の海外旅行術	河合勝幸	講談社	2005
	37	いじわるな神様がくれたもの	桂木ユミ	新風舎	2006
	38	お笑い芸人糖尿病と二人連れ	渡部又兵衛	グラフ社	2006

■薬物中毒(薬物依存症)

分類		書名	著者名	出版社	発行年
疾病99	1	かなしみのクリスチアーネ	クリスチアーネ・F	読売新聞社	1981

分類		書名	著者名	出版社	発行年
疾病99	2	崖っぷちからのはがき	キャリー・フイッシャー	彩古書房	1989
	3	なぜ，わたしたちはダルクにいるのか	ダルク編集委員会	ダルク	1991
	4	「良い子」があぶない	竹村登茂子	築地書館	1994
	5	薬物依存	近藤恒夫	大海社	1997
	6	薬物依存の少女	森田昭之助	健友館	1997
	7	さらば哀しみのドラッグ	水谷　修	高文研	1998
	8	シンナー常用者とその家族	芹沢里子	鳥影社	1999
	9	私にありがとう	ダルク女性ハウス編集委員会	東峰書房	2005

■二分脊椎症

分類		書名	著者名	出版社	発行年
疾病100	1	明日へひょうひょう	森田登代子	向陽書房	2004
	2	見えない障害二分脊椎	神原史直	明石書店	2005

■乳幼児突然死症候群（SIDS）

分類		書名	著者名	出版社	発行年
疾病101	1	乳幼児突然死症候群とその家族のために	仁志田博司	東京書籍	1995
	2	ゆりかごの死	阿部寿美代	新潮社	1997
	3	もう一度抱きしめたい	SIDS家族の会	メディカ出版	1997

■乳腺炎

分類		書名	著者名	出版社	発行年
疾病102	1	もとちゃんの痛い話	新井素子	角川文庫	1997

■熱射病（熱中症）

分類		書名	著者名	出版社	発行年
疾病103	1	ヒート・ストローク　熱射病のカルテ	海原　翔	日本図書刊行会	1997
	2	熱中症－息子の死を糧にして	中村純友	悠飛社	2002

■熱傷

分類		書名	著者名	出版社	発行年
疾病104	1	気道熱傷	太田征希	自費出版	1992

分類		書　名	著者名	出版社	発行年
疾病104	2	フェニックスのように	熱傷フェニックスの会	熱傷フェニックスの会	2001
	3	生かしてくれてありがとう	田中保子	文芸社	2003

■ネフローゼ症候群

分類		書名	著者名	出版社	発行年
疾病105	1	病院はおもしろい	芹沢茂登子	法研	1994
	2	ステロイド漬けの日々と骨粗鬆症	芹沢茂登子	法研	2000
	3	聖の青春	大崎善生	講談社	2000
	4	難病ネフローゼ症候群をのりこえて	武波勇二	文芸社	2000
	5	遥かなる道	工藤矩弘	健友館	2003

■白内障

分類		書名	著者名	出版社	発行年
疾病106	1	人工水晶体	吉行淳之介	講談社	1985
	2	人工水晶体	吉行淳之介	講談社文庫	1988
	3	白内障と網膜剥離	林　正秀	勁草書房	1985
	4	贈られた眼の記録	曽野綾子	朝日文庫	1986
	5	八十の若返り	内海喜世子	日本図書刊行会	1997
	6	白内障物語	森下四朗	ぎょうせい	2000

■肺高血圧症

分類		書名	著者名	出版社	発行年
疾病107	1	ふたつの生命	後藤正治	岩波書店（同時代ライブラリー）	1997

■肺リンパ脈管筋腫症(LAM)

分類		書名	著者名	出版社	発行年
疾病108	1	余命宣告	吉見翔子	講談社	2002

■バセドウ病

分類		書名	著者名	出版社	発行年
疾病109	1	私のバセドウ病を探って	吉田満喜子	健友館	1995

■ハーラー症候群

分類		書名	著者名	出版社	発行年
疾病110	1	花－哲恵と拓栄のいのち	佐藤　栄	自費出版	1988

分類	書名	著者名	出版社	発行年

■バレ・リュー症候群（頸部交感神経刺激症状）

疾病111	1 もうひとつのむちうち症	沢よし子	鳥影社	2004

■ハンセン病（らい病）

疾病112	1 隔離 2 六八歳の春 3 心眼 4 忘れえぬ子どもたち 5 花に逢はん 6 夏椿，そして 7 島が動いた 8 生きる	徳永　進 柴田良平 伊勢　弘 藤本フサコ 伊波敏男 伊波敏男 加賀田一 大谷美和子	ゆみる出版 ゼンコロ 門土社 不知火書房 NHK出版 NHK出版 文芸社 フォレストブックス	1982 1997 1997 1997 1998 1998 2000 2001

■ハンチントン病

疾病113	1 父ちゃんのポーが聞こえる 2 ウェクスラー家の選択	松本則子 アリス・ウェクスラー	立風書房 新潮社	1971 2003

■反復性硝子体出血

疾病114	1 闇の底抜けた	井手信夫	樹心社	1992

■病原性大腸菌

疾病115	1 O157 母親の手記	アリ・ヒアシンク	早川書房	1996

■不眠症

疾病116	1 不眠な人々 2 不眠の森をさまよって 3 そうよアタシは不眠症の女	矢崎葉子 村野ゆう 結城真子	太田出版 健友館 大和出版	1999 2000 2001

■フリードリッヒ失調症

疾病117	1 旅する車椅子	渡辺裕香子	朱鳥社	2005

分類		書　名	著者名	出版社	発行年

■ベーチェット病

疾病118	1	霧のなかの旅立ち	田村洋幸	ミネルヴァ書房	1977
	2	赤いカンナの花のように	伊勢谷和美	リヨン社	1986
	3	長期闘病生活	角田正己	けやきの街	1993
	4	命の詩片	宮内　勝	七賢出版	1994
	5	トルコききょう	深水下一弘	新風舎	1996
	6	お父さんの失明は私が治してあげる	西田朋美	主婦の友社	2001
	7	不治の病とスイートピーと夢	しりこだま	澪標	2004

■ポルフィリン症

疾病119	1	太陽に灼かれて	タミー・エバンズ	翔泳社	

■マルファン症候群

疾病120	1	人工弁で生きる	喜多知子	教育出版センター	1982
	2	この子は生きる	梅田加奈子	講談社	1997
	3	千織，天国で幸せにね	陶山理恵	文芸社	2004

■慢性呼吸不全

疾病121	1	HOT	藤　昌子	健友館	2002

■ミトコンドリア病

疾病122	1	娘よ，ゆっくり大きくなりなさい	堀切和雅	集英社新書	2006

■未熟児網膜症

疾病123	1	光をください	奥村誠子	文芸社	2003

■ムコ多糖症

疾病124	1	民也からの贈り物	小長谷禎一	ウインかもがわ	2001

分類	書名	著者名	出版社	発行年

■無腐性壊死

疾病125	1 いのちよ，ありがとう	かとうみちこ	日新報道	1987

■網膜剥離

疾病126	1 こころ，お元気で。	石川健次	求龍堂	2003

■盲腸炎（虫垂炎）

疾病127	1 京子よ，こんどは盲腸だ。	柳沢京子	自費出版	2002

■ヤコブセン症候群

疾病128	1 ばってん生きとっと！	福山敦子	小学館	2005

■ユニークフェイス（仮称）

疾病129	1 顔面漂流記-アザをもつジャーナリスト	石井政之	かもがわ出版	1999
	2 迷いの体-ボディイメージの揺らぎと生きる	石井政之	三輪書店	2001
	3 見つめられる顔-ユニークフェイスの体験	石井政之，松本学，藤井輝明	高文研	2001
	4 顔がたり-ユニークフェイスな人びとに流れる時間	石井政之	まどか出版	2004
	5 顔面バカ一代-アザをもつジャーナリスト	石井政之	講談社	2004
	6 顔とトラウマ-医療・看護・教育における実践活動	藤井輝明，石井政之	かもがわ出版	2001
	7 運命の顔	藤井輝明	草思社	2003
	8 さわってごらん，ぼくの顔	藤井輝明	汐文社	2004
	9 この顔でよかった	藤井輝明	ダイヤモンド社	2005
	10 ジロジロ見ないで-"普通の顔"を喪った9人の物語	高橋聖人，茅島奈緒深	扶桑社	2003

■腰椎圧迫骨折

疾病130	1 わたぼうし翔んだ	河合奈保子	ワニブックス	1983

分類		書　名	著者名	出版社	発行年

■腰部脊椎管狭窄症

疾病131	1	わが腰痛奮闘記	郡司道子		2003

■溶連菌感染症

疾病132	1	人食いバクテリアから貰ったもの	はらだもとこ	新風舎	2000
	2	人食いバクテリアから貰ったもの	はらだもとこ	新風舎文庫	2003

■ライ症候群

疾病133	1	ごめんね　ひさこちゃん	本畝淑子	筑摩書房	1983

■リウマチ

疾病134	1	妻の日の愛のかたみに	池上三重子	三笠書房	1972
	2	リウマチと生きる	島田広子	ドメス出版	1980
	3	負けないで	島田広子	ドメス出版	1994
	4	リウマチは治る	中山道治	読売新聞社	1982
	5	リウマチの妻と共に	比嘉邦雄・比嘉由子	勁草書房	1983
	6	痛みの消えた朝	長谷川季子	講談社	1984
	7	虹のかなたに	マリー・ジョゼフ	婦人の友社	1984
	8	雅子，お前しかいない	小林秀美	徳間文庫	1985
	9	春の声	中道千壽子	自費出版	1988
	10	たちっぱなしの人生	矢島昭子	現代教育社	1989
	11	痛みの記録	前田清子	日本看護協会出版会	1990
	12	四角い空からこんにちは	小山洋子	リブリオ出版	1990
	13	虹の階段	志田敦子	リヨン社	1991
	14	空を翔んだ車イス	菅沼喜子	南信州新聞社	1994
	15	ひかる風の中へ	高山志侑子	近代文藝社	1995
	16	関節破壊　歯科医が書いたリウマチ体験・闘病記	井上　遥	素人社	1995

分類	書名	著者名	出版社	発行年
疾病134	17 乳房やさしかり	宮田鈴枝	同時代社	1996
	18 ガールズ, ビー・アンビシャス	桜庭麻紀	学生社	1996
	19 101のリウマチ物語	渡部元廣	日本医学出版	1998
	20 私だって泣き叫びたい	河野節子	自費出版	2000

■リウマチ熱

疾病135	1 命の限り生きて	奥田由紀子	自費出版	2002

4. 脳

■脳分類表（編集方針③参照）

分類	病名
脳 1	アルツハイマー病
脳 2	滑脳症
脳 3	急性脳症
脳 4	急性小脳失調
脳 5	クモ膜下出血・硬膜下血腫
脳 6	結核性髄膜脳炎
脳 7	視覚失認症
脳 8	小脳出血
脳 9	小脳出血／脳梗塞
脳 10	小脳髄症
脳 11	進行性多巣性白質脳症
脳 12	進行性核上性麻痺
脳 13	水頭症
脳 14	髄膜炎
脳 15	脊髄小脳変性症（SCD）
脳 16	脊髄空洞症
脳 17	脊髄動静脈奇形
脳 18	単純ヘルペス脳炎
脳 19	ヘルペス脳炎

脳20　脳幹部中枢神経挫傷

脳21　脳外傷（頭部外傷・脳挫傷）

脳22　脳幹出血

脳23　脳卒中

脳24　脳梗塞

脳25　脳梗塞・心筋梗塞

脳26　脳梗塞・肺がん

脳27　脳梗塞・胆嚢炎・肺炎

脳28　脳下垂体腫瘍

脳29　脳腫瘍

脳30　脳腫瘍・クモ膜下出血

脳31　脳血栓

脳32　脳出血／胃がん

脳33　脳溢血（脳出血）

脳34　脳動静脈奇形（注：結果として「脳出血」。）

脳35　脳死

脳36　パーキンソン病

脳37　パーキンソニズム（前頭葉萎縮）

脳38　ピック病（若年性痴呆症）

脳39　びまん性軸索損傷（DAI）

脳40　未破裂脳動脈瘤

脳41　ロックト・イン・シンドローム

分類	書　名	著者名	出版社	発行年
■アルツハイマー病					
脳1	1　失われた絆	マリオン・ローチ	読売新聞社	1990
	2　お母さんが子どもになった	マイ・ファント	講談社	1991

分類		書 名	著者名	出版社	発行年
脳1	3	母さんが壊れていく	米倉美智子	けやき出版	1991
	4	夫婦が試されるとき	上松達雄	講談社	1992
	5	ゆきあいの空	池辺史生	朝日新聞社	1992
	6	ぼけた父と歩けぬ母	池辺史生	朝日文庫	1996
	7	アルツハイマーに倒れた企業戦士	内山研二	彩古書房	1992
	8	アルツハイマー病の妻とともに	アルフレッド フールマン	医学書院	1993
	9	ほかに何ができたろう	小泉文子	日本看護協会出版会	1994
	10	落花の舞い	太田静一	自費出版	1994
	11	アルツハイマー病の妻を看取りて	柳原 薫	自費出版	1994
	12	老いて生きる	貞末麻哉子	凱風社	1995
	13	父・丹羽文雄　介護の日々	本田桂子	中央公論社	1997
	14	父・丹羽文雄　介護の日々	本田桂子	中公文庫	1999
	15	わたしの家はどこですか	ラリー・ローズ	DHC	1998
	16	兄とアルツハイマー病	ナディーヌ・トランティニャン	晶文社	1998
	17	時の迷い子たち	パトリック・マティアセン	早川書房	1998
	18	こういう介護もある	嶋田希夫	文芸社	1998
	19	子守歌　ねむれ　おかあさん	望月敦子	叢文社	1998
	20	アルツハイマーとは何か	ウィリアム・マッキンレーグラブス	丸善メイツ	1999
	21	アルツハイマー病の妻との日々	佐伯俊雄	近代文芸社	1999

分類		書名	著者名	出版社	発行年
脳1	22	アルツハイマーある愛の記録	アン・デヴィッドソン	新潮社	2002
	23	八重子のハミング	陽　信孝	小学館	2002
	24	八重子のハミング	陽　信孝	小学館文庫	2005
	25	和子	後藤　治	亜璃西社	2002
	26	親守りの季節	有本佐千子	健友館	2002
	27	母の庭	高安義郎	ごま書房	2002
	28	アルツハイマーのお喜代さんの春秋	ケンモチシロウ	文芸社	2002
	29	妻がアルツハイマーになった	佐藤幸四郎	朝日新聞社	2003
	30	アルツハイマーと闘う	トマス・デバッジオ	原書房	2003
	31	私は誰になっていくの？	クリスティーン・ボーデン	クリエイツかもがわ	2003
	32	アルツハイマーのお袋との800日	野田明宏	時事通信社	2005
	33	アルツハイマーの母をよろしく	野田明宏	ミネルヴァ書房	2007
	34	アルツハイマー在宅介護最前線	野田晃弘	ミネルヴァ書房	2005
	35	記憶が消えていく	一関開治	二見書房	2005
	36	長い長いさようなら	パティ・デイヴィス	竹書房	2005
	37	夕光の中でダンス	エレノア・クーニー	オープンナレッジ	2006
	38	花を	真鍋弘樹	朝日新聞社	2006
	39	「私，バリバリの認知症です」	太田正博・菅崎弘之・上村真紀・藤川幸之助	クリエイツかもがわ	2006
	40	明日も必ず夜が明ける	舘崎やよい	一耕社	2007

分類		書 名	著者名	出版社	発行年
脳1	41	妻が「若年性認知症」になりました	大沢幸一	講談社	2008
	42	わし，駄目かも	中島道子	渓声出版	2009
	43	夫が認知症になった	山口貴美子	ライフサポート社	2009
	44	「アルツハイマー」からおかえりなさい	荒井和子	ポプラ社	2009
	45	ふたたびのゆりかご	多賀洋子	講談社	2009

■滑脳症

分類		書 名	著者名	出版社	発行年
脳2	1	寝たきり天使・真帆	有木真樹・小山豊	講談社	2003
	2	ナッチの日記	髙橋秀子	文芸社	2006

■急性脳症

分類		書 名	著者名	出版社	発行年
脳3	1	生と死のあいだ	筒井ともこ	新風舎	1999

■急性小脳失調

分類		書 名	著者名	出版社	発行年
脳4	1	四歳でリセットされた娘	金井ユカリ	文芸社	2002

■クモ膜下出血・硬膜下血腫

分類		書 名	著者名	出版社	発行年
脳5	1	失語症の歌	山田一彰	ぶどう社	1978
	2	まだまだこれから	山田一彰	群青社	2004
	3	親を看とらば	荒牧規子	硯文社	1981
	4	魂のリハビリテーション	新井 智	筑摩書房	1984
	5	甦る！失語症克服の記録	恋塚 弘	講談社	1987
	6	ある日突然	岡田健三	大和書房	1988
	7	新しい障害者	矢柄友子	秋桜社	1989
	8	車いす記者奮戦記	土井清之	朝日新聞社	1993
	9	きっと生かしてみせる	大島美智子	善本社	1997
	10	房枝を介護した十年	安部正光	自費出版	1997
	11	いつか，あえるね	指田志恵子	あけび書房	1998
	12	入院対策雑学ノート	ソルボンヌK子	ダイヤモンド社	2000
	13	晴れのちクモ膜下	有田直子	WAVE出版	2000

分類		書名	著者名	出版社	発行年
脳5	14	いつか妻が目覚める日のために	伊藤　茂	時事通信社	2000
	15	「あの日」を忘れない	来田明子	木鶏社	2001
	16	貴重な体験	鶴薗和代	文芸社	2001
	17	扉の向こうの笑顔	大脇　力	本の森	2003
	18	マヒが教えてくれたこと	南美智子	文芸社	2003
	19	お母さんがんばって	中村　博	文芸社	2004
	20	しぶとく生き残るためのヒント	茂木まや子	文芸社	2004
	21	風にのって	堀江良一	ユア・サイエンス社	2005
	22	28歳　意識不明1ヵ月からの生還	内田啓一	コモンズ	2005
	23	頑張れ　ケイチャン！	幸田清志	文芸社	2007
	24	レベル5からの生還	佐藤治迪	文芸社	2008
	25	お父さん生きててよかったね	小川太郎	わの会	2010

■結核性髄膜脳炎

脳6	1	闘病セレナーデ	松田昌由樹	文芸社	2004

■視覚失認症

脳7	1	見えているのに見えない？	G・W・ハンフリーズ／M・J・リドリック	新曜社	1992

■小脳出血

脳8	1	無病足災	大野真由美	文芸社	2002
	2	陽のあたる場所	山本たかふみ	文芸社	2007

■小脳出血／脳梗塞

脳9	1	終わりの蜜月	大庭利雄	新潮社	2002

■小脳髄症

脳10	1	はばたけ，天使たち	渡辺由佳理	銀河書房	1985

分類		書名	著者名	出版社	発行年

■進行性多巣性白質脳症

脳11	1	癒されない悲しみを	なかひさし	文芸社	2003

■進行性核上性麻痺

脳12	1	フォト・ドキュメント いのち抱きしめて	田沼祥子文,田邊順一写真	日本評論社	2002
	2	天国に逝った妻へのラブレター	山野千万人,牧歌舎	山野千万人牧歌舎	2006

■水頭症

脳13	1	シャント	三平宗憲	自費出版	1999
	2	雨のち晴子	山下泰司	晶文社	2000

■髄膜炎

脳14	1	愛されて十三年	安山都代子	自費出版	1993
	2	心のノート	麻生千晶	文芸社	1999
	3	ありがとう!これからもよろしく	前野幸子	東京図書出版会	2003

■脊髄小脳変性症(SCD)

脳15	1	1リットルの涙	木藤亜也	エフエー出版	1986
	2	1リットルの涙	木藤亜也	幻冬舎文庫	2005
	3	ラストレター	木藤亜也	幻冬舎	2005
	4	いのちのハードル	木藤潮香	エフエー出版	1989
	5	いのちのハードル	木藤潮香	幻冬舎文庫	2005
	6	うつろい	吉川嘉之	自費出版	1996
	7	心はどこへでも	富永博子	エフエー	1997
	8	脊髄小脳変性症	中野貞夫	東峰書房	1998
	9	GOGOおばさんとバックオーライ	中山一江	東京図書出版会	2003
	10	あっこちゃんの笑顔	谷 恵子	碧天舎	2005
	11	大航海途中	田中大介	新風舎	2005
	12	ラスト・バースデー	梅邑 貫	中央アート出版社	2005

分類		書名	著者名	出版社	発行年
脳15	13	ふらふら日記 いまんとこ不治の病	やまざきたけし, イラスト 松本充代	二見書房	2007
	14	光につつまれて 難病の夫と共に生きて	金粕敦子	出帆新社	2007

■脊髄空洞症

分類		書名	著者名	出版社	発行年
脳16	1	生れ来る子への手紙	デヴィッド・アイアランド	春秋社	1978

■脊髄動静脈奇形

分類		書名	著者名	出版社	発行年
脳17	1	発車のベルを鳴らして	大内幸子	文園社	1993
	2	小さな光	高来仁義	文芸社	2004

■単純ヘルペス脳炎

分類		書名	著者名	出版社	発行年
脳18	1	息子が笑った	佐藤せつ子	ルック	1995

■ヘルペス脳炎

分類		書名	著者名	出版社	発行年
脳19	1	瞬時	鈴木 元	かもがわ出版	1999
	2	流れる雲にも祈る あるヘルペス脳炎の記録	古川一雄・海野よしみ	近代文芸社	1999

■脳幹部中枢神経挫傷

分類		書名	著者名	出版社	発行年
脳20	1	車椅子の視点	茉本亜沙子	メヂカルフレンド社	1998

■脳外傷（頭部外傷・脳挫傷）

分類		書名	著者名	出版社	発行年
脳21	1	タラ 小さな生命の詩	マイケル＆ドナ・ネイスン	三笠書房	1975
	2	サッちゃんの四角い空	梶田欽志	渓声社	1978
	3	舞踊 生と死のはざまで	石田種生	春秋社	1993
	4	長欠児	岡田まき子	近代文芸社	1997
	5	人間だもの生きてるよ	醍醐の森	随想社	1998
	6	なっちゃんの家	あんばい こう	女子パウロ会	1998
	7	ぼく すごい	館合みち子	自費出版	1998

分類		書 名	著者名	出版社	発行年
脳21	8	脳外傷　ぼくの頭はどうなったの	原口三郎	明石書店	1999
	9	生きててもええやん	頭部外傷や病気による後遺症を持つ若者と家族の会	せせらぎ出版	1999
	10	一美よ回復してくれ	岡崎　豊	自費出版	1999
	11	ぼくらはみんな生きている	坪倉優介	幻冬舎	2001
	12	ぼくらはみんな生きている	坪倉優介	幻冬舎文庫	2003
	13	パパの脳が壊れちゃった	キャシー・クリミンス	原書房	2001
	14	貨物列車	いちじかよ	文芸社	2004
	15	里絵のこころ絵日記	せきね里絵	清流出版	2006
	16	神様，ボクをもとの世界に戻してください	鈴木真弓	河出書房新社	2006
	17	オーバーマイヘッド	クローディア・オズボーン	クリエイツかもがわ	2006
	18	一緒に歩こう	高橋コウ	文芸社	2007
	19	由梨と歩む奇跡	後藤眞由美	ブレインズネットワーク	2007
	20	落馬脳挫傷	石山衣織	エンターブレイン	2008
	21	目印はフォーク！	カーラ・L・スワンソン	クリエイツかもがわ	2008
	22	壊された感情線	岡野琴子	自費出版	2008
	23	君へのメッセージ	舘野ひろ子	文芸社	2009

■脳幹血栓

分類		書 名	著者名	出版社	発行年
脳22	1	脳幹出血から社会復帰まで	宮地俊典	近代文藝社	1994
	2	脳幹出血から	松永晃喜	文芸社	2001
	3	車いすで旅に出よう	佐藤俊彦	風媒社	2002

分類		書 名	著者名	出版社	発行年
脳22	4	脳出血から二度生還して	金子金一	文芸社	2002
	5	明日も晴れだよ	松本千恵子 &松本久造	かんぽう	2004
	6	死の淵から甦って	松澤美智子	ほおずき書籍	2006

■脳卒中

分類		書 名	著者名	出版社	発行年
脳23	1	奇跡の生還	佐藤正忠	経済界	1978
	2	生きるなり	千秋 実	文藝春秋	1979
	3	生きるなり	千秋 実	文春文庫	1984
	4	脳卒中克服法	佐野 恵	サンケイ新聞社	1979
	5	再起への道	鈴木 勉	日本聴能言語士協会	1982
	6	脳卒中と闘った15カ月	山本博繁	神戸新聞出版センター	1982
	7	脳卒中で「人間」やめられるか	山本博繁	神戸新聞総合出版センター	1989
	8	脳卒中体験記	韮沢忠雄	ひかり書房	1983
	9	脳卒中体験記	韮沢忠雄	光陽出版社	1990
	10	脳卒中リハビリ日記	横田整三	朝日選書	1985
	11	居直り脳卒中	横田整三	保健同人社	1989
	12	この世に戻って	宮浦一郎	自費出版	1985
	13	リハビリの友へ	柴田哲夫・ 友愛とものへ会	径書房	1986
	14	脳卒中患者の記録	江口恒男	星雲社	1986
	15	脳卒中から生還した記者	横田三郎	毎日新聞社	1987
	16	失語症・二人三脚	高瀬辰雄	自費出版	1988
	17	脳卒中再体験記	毛利孝一	東京書籍	1989
	18	明日へ！つばさ折れても	鈴木猪久馬	ひのくま出版	1991
	19	脳卒中実習記	石黒勇二	文藝春秋	1991
	20	歩けた！手が動いた	森山志郎	オリジン社	1991
	21	言葉が消えた！	早野貢司	風媒社	1991
	22	私の脳卒中体験	田中良太	同時代社	1995

分類		書　名	著者名	出版社	発行年
脳23	23	脳卒中からはじまった	西　勝人	新潮社	1995
	24	脳卒中で倒れてから	鶴見和子	婦人生活社	1998
	25	回生を生きる	鶴見和子	三輪書店	1998
	26	新聞記者で死にたい	牧　太郎	中公新書	1998
	27	我が心の旅路	玉井義三	新風舎	1998
	28	失語症をもって生きる	スージー・パー, 他	筒井書房	1998
	29	リハビリ医の妻が脳卒中になった時	長谷川幸子・幹	日本醫事新報社	1999
	30	気力で生きた日々	和田花子	文芸社	1999
	31	負けてたまるか	志水勇祐	町田ジャーナル社	1999
	32	ドキュメント　脳卒中修行	天野進平	健友社	2000
	33	脳卒中・あなたならどうする	鈴木　信	大修館書店	2000
	34	いまふたたびの命を得て	木下由紀子	文芸社	2000
	35	脳卒中　ニコニコ介護の不思議	蔵本保子	新風書房	2001
	36	脳卒中リハビリ奮戦記	藤本建夫・藤本芳子	ミネルヴァ書房	2003
	37	復活	北村英明	ケイエムビー	2005
	38	脳卒中　魂のリハビリテーション	吉川　潔	東京図書出版会	2005
	39	脳卒中のあと私は	デヴィッド・M・ハインズ	産調出版	2005
	40	くたばれ！脳卒中	山口俊明	茨城新聞社	2005
	41	脳卒中からの復職　自立への工夫	江嵜　昭	荘道社	2005
	42	脳卒中の星	赤池公一	文芸社	2006
	43	脳卒中後遺症の明と暗	櫻井輝夫	文芸社	2006
	44	奇跡の脳	ジル・ボルト・テイラー	新潮社	2009
	45	脳卒中サバイバル	東山あかね	新曜社	2009

分類		書 名	著者名	出版社	発行年

■脳梗塞

分類		書 名	著者名	出版社	発行年
脳24	1	甦える	高木彬光	光文社	1982
	2	病とともに流転楽天	鈴木俊平	新潮社	1991
	3	Welcome Home PaPa	永野善信	近代文藝社	1995
	4	生かされた命	豊田正子	岩波書店	1996
	5	ベランダの車椅子	植田芳子	元就出版社	1999
	6	私の入院日記	八幡政男	武蔵野書房	1999
	7	栗本慎一郎の脳梗塞になったらあなたはどうする	栗本慎一郎	たちばな出版	2000
	8	脳梗塞からの復活	加藤　博	マキノ出版	2001
	9	生命あるままに	二宮繁康	文芸社	2001
	10	命　密室で「脳梗塞」と闘った16時間	田中　良	健友社	2001
	11	でも元気！	橘　由子	中央公論新社	2001
	12	おはよう！秀造ちゃん	廣原房枝	文芸社	2001
	13	わがまま患者の独り言	對馬勝淑	星湖舎	2002
	14	生きる証を短歌に求めて	武田依子	文芸社	2002
	15	歌を忘れてカナリヤが	原口隆一・麗子	文芸社	2003
	16	ありのまま　私の脳梗塞生還記	鹿島忠夫	新風舎	2003
	17	脳梗塞よありがとう！糖尿病よさようなら！	ありだ未完	アスク	2003
	18	ほっこり生きよう	河村武明	飛鳥新社	2003
	19	看取る	岩田恵子	文芸社	2003
	20	脳梗塞よ止まれ！	松本利雄	健友館	2004
	21	あきらめない	西城秀樹	二見書房	2004
	22	脳梗塞をぶっ飛ばせ。	坂上二郎	主婦と生活社	2005
	23	おかあさんの「むすんでひらいて」	髙野安子	碧天舎	2005
	24	お父さんが倒れました	川嶋　光	プレジデント社	2005

分類		書　名	著者名	出版社	発行年
脳24	25	脳外科病棟・戦友たちの挽歌	萱野忠亮	新風舎	2005
	26	さらば，脳梗塞後遺症	冨澤清一	碧天社	2005
	27	脳梗塞リハビリ体験	河野登彦	新風舎	2005
	28	脳梗塞後遺症の完治を目指して	林祐三・林恵理・林洋一	東京図書出版会	2005
	29	今日も笑って	たすけ&えいこ	新風舎	2006
	30	わたしのリハビリ闘争	多田富雄	青土社	2007
	31	奇跡　失くした言葉が取り戻せた！	沼尾ひろ子	講談社	2008
	32	29歳　脳梗塞　出産	じゅん	日本文学館	2008
	33	リハビリ・ダンディ	野坂暘子	中央公論新社	2009
	34	透明な愛	田中　雀	文芸社	2009
	35	おっ!?脳梗塞になってしまった!!　おやじ漫画家の闘病体験記	藤井昌浩著，米山公宏監修	講談社	2010

■脳梗塞・心筋梗塞

脳25	1	桜並木でリハビリ散歩	田中里義	自費出版	1998

■脳梗塞・肺がん

脳26	1	私は病の宝庫人	松田光子	文芸社	2005

■脳梗塞・胆嚢炎・肺炎

脳27	1	パパは生きている	安井信朗	風媒社	1977
	2	二人の闘病記	犬養悦子	笠間書房	2006

■脳下垂体腫瘍

脳28	1	息子よ，妻よ，俺を看てくれ	塚田みつお	新風舎	2000

■脳腫瘍

脳29	1	落花抄	花谷　楓	中央公論社	1972
	2	ママは不死鳥	高橋二三	講談社	1983
	3	ペドロに爪を	藤本博孝	青也書店	1983

分類		書名	著者名	出版社	発行年
脳29	4	天国へのVサイン	寺部律子	いのちのことば社	1985
	5	私　生きてます	永田洋子	彩流社	1986
	6	彼方への愛	織間八千代	創栄出版	1988
	7	脳腫瘍を患う	中条純輔	看護の科学社	1989
	8	薄明の淵に落ちて	徳岡孝夫	新潮社	1991
	9	私は脳腫瘍から生還した	米澤　淳	中経出版	1992
	10	眠れぬ夜の夢	伊藤ゆきえ	日総研	1993
	11	もう一度投げたかった	山登義明・大古滋久	NHK出版	1994
	12	もう一度投げたかった	山登義明・大古滋久	NHKライブラリー	1996
	13	もう一度投げたかった	山登義明・大古滋久	幻冬舎文庫	1999
	14	がんに救われた男の物語	クロード・ドスドール	日本教文社	1995
	15	最後のストライク	津田晃代	勁文社	1995
	16	最後のストライク	津田晃代	幻冬舎文庫	1998
	17	勝ち目のない闘い	右田吉拡	松籟社	1995
	18	命　ありがとう	萩本はる子	同成社	1996
	19	オカリナの子守唄	山本正子	日本図書刊行会	1997
	20	医者が末期ガン患者になってわかったこと	岩田隆信	中経出版	1998
	21	医者が末期ガン患者になってわかったこと	岩田隆信	角川文庫	1999
	22	続・医者が末期ガン患者になってわかったこと	岩田隆信・規子	中経出版	1998
	23	あきらめない！自分の名医にたどりつくまで	グレゴリー・ホワイト・スミス,他	保健同人社	2000
	24	カムバック！先生	浅井丈子	樹心社	2000

分類		書　名	著者名	出版社	発行年
脳29	25	彼女がくれたマウンド	盛田幸妃・倫子	光文社	2000
	26	My Dear Keiko	柴田英雄	自費出版	2001
	27	漢江よ知江を抱け	水上ミナエ	自費出版	2001
	28	薄い氷の上のダンス	ペルニラ・グラーザー	メディア・ファクトリー	2001
	29	勇ましく高尚な生涯	竹脇真理	小学館	2002
	30	妻でなくていい　最後までこの人の付き添いでよかった	太田しのぶ・太田重二郎	文芸社	2003
	31	点滴の詩　お父さんがんばって！	松木大樹	新風舎	2003
	32	グリーフワーク	森　千花	健友館	2003
	33	今が楽しいんだよ	引田めぐみ・引田悦子	法蔵館	2003
	34	たくさんの愛をありがとう	平野美津子	日本キリスト教団出版局	2003
	35	雑草のようにたくましく	東　研次	新生出版	2003
	36	ザクロの実	笠磨のりひこ	新風舎	2005
	37	命つないで	山本恭子	文芸社	2005
	38	大事なことはみ～んな脳腫瘍に教わった	スージー・ベッカー	長崎出版	2005
	39	試練の向こうに光を見た時	望月宏子・望月勉	長崎出版	2005
	40	drug finger　最愛の夫と過ごした最期の6カ月	松永百合	新風舎	2005

■脳腫瘍・クモ膜下出血

脳30	1	東京タワーに灯がともる	内田あゆみ	新風舎	1997

■脳血栓

脳31	1	ママのお口は左手	遠藤教子	亜紀書房	1986
	2	天国へ逝った満点パパ	飛田裕子	ハート出版社	1989

分類		書 名	著者名	出版社	発行年
脳31	3	林家かん平　リハビリ奮闘記	林家かん平	社会思想社	1993
	4	失語症二人三脚	松岡茂子	びんご出版	1996
	5	たのむよ和代氏，もう一度しゃべって	藤子不二雄	中央公論社	1997
	6	たのむよ和代氏，もう一度しゃべって	藤子不二雄	中公文庫	2000
	7	可能性への挑戦	中島和夫	新風舎	1998
	8	可能性への挑戦	中島和夫	新風舎文庫	2003
	9	癒されゆく日々	大島　渚	NHK出版	2000
	10	リハビリ奮闘記	谷内禧夫	文芸社	2000
	11	男は廃れど知・情・動未だちゃらんぽらんにあらず	諏訪昭千代・麗子	朱鳥社	2000
	12	いのち、輝く	小山明子	経済界	2001
	13	最後の贈り物	雲井弥生	自費出版	2001
	14	希望の朝	大村雅子	静岡新聞	2002
	15	リハビリ修学旅行	堀川昭生	自費出版	2002
	16	ありのまま	真屋順子・高津住男	主婦の友社	2003
	17	明日へつなぐ日々	西川龍彦	文芸社	2003
	18	脳出血であの世へ行って還ってきて	田村豊幸	健友館	2003
	19	二度の脳出血を超えて	川上　晋	自費出版	2003
	20	壊れた脳　生存する知	山田規畝子	講談社	2004
	21	生還は奇跡か	河野元一	新風舎	2004
	22	光輝く看護の思い	久保井勝巳	朱鳥社	2004
	23	まなざしで交わした夫婦の会話	内山茂美	新風舎	2005
	24	大丈夫！	渡部里子	新風舎	2007
	25	気がついたら失語症	小島恒夫	文芸社	2007
	26	カメちゃん日記	亀井夏海	文芸社	2008
	27	10年いろいろ	米窪麻友子	芳林社	2008

分類	書　名	著者名	出版社	発行年
脳31	28　突然，妻が倒れたら	松本方哉	新潮社	2009

■脳出血／胃がん

分類	書　名	著者名	出版社	発行年
脳32	1　脳出血リハビリ人生	江崎弁弘	朱鳥社	2005

■脳溢血（脳出血）

分類	書　名	著者名	出版社	発行年
脳33	1　兄の左手	德廣睦子	筑摩書房	1982
	2　大熱血闘病記	永倉万治	角川書店	1992
	3　父帰る（上記の改題）	永倉万治	角川文庫	1994
	4　大復活	永倉万治	講談社	1997
	5　「ある日，突然」〜あなたは大丈夫?〜	金子摩紀	文芸社	2001

■脳動静脈奇形（注：結果として「脳出血」。）

分類	書　名	著者名	出版社	発行年
脳34	1　空っぽのストレッチャー	小林久美子	近代文藝社	1995
	2　力尽きた息子明の旅立ち	清水桂子	碧天舎	2004

■脳死

分類	書　名	著者名	出版社	発行年
脳35	1　着たかもしれない制服	杉本健郎, 他	波書房	1986
	2　犠牲（サクリファイス）：わが息子・脳死の11日	柳田邦男	文藝春秋	1995
	3　犠牲（サクリファイス）：わが息子・脳死の11日	柳田邦男	文春文庫	1999

■パーキンソン病

分類	書　名	著者名	出版社	発行年
脳36	1　二人三脚泣き笑い	河野磐・都	桐書房	1984
	2　それでも希望がある	田中滋子	人文書院	1985
	3　難病日記	三浦綾子	主婦の友社	1995
	4　風の鼓動	綾部典子	新風舎	1996
	5　老い・愛の炎	高瀬辰雄	自費出版	1998
	6　お母ちゃんが起きられなくなった	石川牧子	音羽出版	2001
	7　お母ちゃんが起きられなくなった	石川牧子	小学館文庫	2003
	8　天空での邂逅	巽　一雅	文芸社	2002

分類		書 名	著者名	出版社	発行年
脳36	9	もうパーキンソン病と呼ばないで	丹羽浩介	一粒社	2003
	10	ラッキーマン	マイケル・J・フォックス	ソフトバンクパブリッシング	2003
	11	充実の我が闘病生活	村瀬恭弘	碧天舎	2005
	12	お地蔵さま	井上 恵	新風舎	2005
	13	生の声	海野佐重郎	自費出版	2005
	14	いのちの歌	秋吉真実	新風舎	2005
	15	パーキンソン病を背負って	堀田 宏	新風舎	2006
	16	あしたへの歌	秋吉真実	長崎出版	2008
	17	パーキンソン病の夫と共に副作用に苦しんだ介護の記録	森元千恵子	ブイツーソリューション	2008
	18	ぴんくのハート	ごとう和	秋田書店	2009

■パーキンソニズム(前頭葉萎縮)

脳37	1	鹿教湯病院ありがとう	百瀬英子	郷土出版社	1999

■ピック病(若年性痴呆症)

脳38	1	愛する人の壮絶なる闘病記録	松尾千鶴子	文芸社	2004
	2	みしなのひとりごと	みしなきぬ	文芸社	2006

■びまん性軸索損傷(DAI)

脳39	1	がんばれ朋之!18歳	宮城和男	あけび書房	1996

■未破裂脳動脈瘤

脳40	1	いのちの聖域	前野一雄	三五館	1994
	2	患者は、いつも冒険です。	清水美子	ウインかもがわ	1997
	3	やっと名医をつかまえた	下田治美	新潮社	1999
	4	やっと名医をつかまえた	下田治美	新潮文庫	2002

闘病記リスト 4.脳………167

■ロックト・イン・シンドローム

分類		書　名	著者名	出版社	発行年
脳41	1	潜水服は蝶の夢を見る	ジャン・ドミニック・ボービー	講談社	1998
	2	沈黙を超えて生きる	フィリップ・ヴィガン／ステファヌ・ヴィガン	主婦と生活社	1998
	3	おしゃべり目玉の貫太郎	鈴木公子	講談社	2007
	4	動くのは瞼だけ	レティシア・ボーン＝デリアン	イースト・プレス	2008

5. 障害

■障害分類表

分類	病名
障害1	ADHD/ADD（注意欠陥・多動性障害）
障害2	サヴァン症候群
障害3	自閉症
障害4	胎児性軟骨異栄養症
障害5	ダウン症
障害6	てんかん

分類	書 名	著者名	出版社	発行年

■ADHD/ADD（注意欠陥・多動性障害）

障害1	1 匂うがごとく	河野秀忠	長征社	1986

■サヴァン症候群

障害2	1 なぜかれらは天才的能力を示すのか	ダロルド・A・トレッファート	草思社	1990

■自閉症

障害3	1 愛の奇跡	J・ホッジス	篠崎書林	1975
	2 ひとりぼっちのエリー	クララ・パーク	河出書房新社	1976
	3 ひとりぼっちのエリー	クララ・パーク	河出書房新社	1995
	4 はぐくむ	森 正子	ぶどう社	1977
	5 ぶどう畑の笑顔	川田 昇	星雲社	1982
	6 律君こっち向いて	姜 春子	海声社	1984

分類		書名	著者名	出版社	発行年
障害3	7	がんばれ！証（あかし）	佐藤勇夫・佐藤睦子	いのちのことば社	1985
	8	開かれた小さな扉	B・M・アクスライン	日本エディタースクール出版部	1987
	9	自閉症克服の記録	山岸裕・石井哲夫	三一書房	1988
	10	わが子ノア	ジョシュ・グリーンフェルド	文藝春秋	1989
	11	わが子ノア	ジョシュ・グリーンフェルド	文春文庫	1996
	12	ノアの場所	ジョシュ・グリーンフェルド	文春文庫	1996
	13	マイ　サイレントサン	T・ウーリアセーター	ぶどう社	1989
	14	自閉症との出会い	長瀬又男	ぶどう社	1991
	15	見えない病	チャールズ・ハート	晶文社	1992
	16	自閉症だったわたしへ	ドナ・ウィリアムズ	新潮社	1993
	17	自閉症だったわたしへ　Ⅱ	ドナ・ウィリアムズ	新潮文庫	2001
	18	ドナの結婚　自閉症だったわたしへ	ドナ・ウィリアムズ	新潮社	2002
	19	こころという名の贈り物	ドナ・ウィリアムズ	新潮社	1996
	20	自閉症児と父の日記	中村真切・義則	柘植書房	1993
	21	わが子よ，声を聞かせて	キャサリン・モーリス	NHK出版	1994
	22	我，自閉症に生まれて	テンプル・グランディン	学習研究社	1994
	23	お母さん，地球がみえるよ！	倉沢長子	銀河書房	1995

分類		書　名	著者名	出版社	発行年
障害3	24	変光星	森口奈緒美	飛鳥新社	1996
	25	変光星	森口奈緒美	花風社	2004
	26	平行線	森口奈緒美	飛鳥新社	2002
	27	誠吾君，街を駆ける	堀川浩二	日本図書刊行会	1997
	28	永遠の子	エイドリアナ・ローシャ，他	角川書店	1997
	29	この星のぬくもり	曽根富美子	ベネッセ	1997
	30	見えない世界で	ジャクリーン・ゴーマン	翔泳社	1998
	31	もう闇のなかにはいたくない	B・ゼリーン	草思社	1999
	32	こんにちは，上田豊治です。	上田幸子	樹心社	1999
	33	ずっと「普通」になりたかった	グニラ・ガーランド	花風社	2000
	34	私の障害，私の個性	ウェンディ・ローソン	花風社	2001
	35	手のひらのメッセージ	田中香穂子 田中美津穂	たけしま出版	2001
	36	自閉症の息子デーンがくれた贈り物	ジュニー・ウェイツ＆ヘレン・スウィンボーン	大和書房	2002
	37	おばあちゃんの孫育ち	門野晴子	小学館	2003
	38	地球生まれの異星人	泉　流星	花風社	2003
	39	僕の妻はエイリアン	泉　流星	新潮社	2005
	40	イケイケ，パニッカー	高阪正枝	クリエイツかもがわ	2003
	41	他の誰かになりたかった	藤家寛子	花風社	2004
	42	中村さんちの志穂ちゃんは	中村由美子	全国コミュニティライフサポートセンター (CLC)	2004

分類		書　名	著者名	出版社	発行年
障害3	43	壁の向こうに　自閉症の私の人生	スティーブン・ショア	学研	2004
	44	時彦の影帽子	松岡美和子	新風舎	2005
	45	自閉症の子を持って	武部　隆	新潮新書	2005
	46	涼太郎。またやっちゃった!?	倉田ちかこ	廣済堂	2006
	47	自閉症の兄とともに	ポール・カラシック, ジュディ・カラシック	かもがわ出版	2008

■胎児性軟骨異栄養症

分類		書名	著者名	出版社	発行年
障害4	1	生命の音	藤岡幸子, 他	柏植書房	1992

■ダウン症

分類		書名	著者名	出版社	発行年
障害5	1	マコちゃん，ごめんね	三浦俊雄	教育報道社	1981
	2	ダウン症の子をもって	正村公宏	新潮社	1983
	3	ダウン症の子をもって	正村公宏	新潮文庫	2001
	4	愛，見つけた－小さな命の置きみやげ	小林完吾	二見書房	1983
	5	ナイジェル・ハントの世界	ナイジェル・ハント	偕成社	1985
	6	はししゃん	橋本一郎	自費出版	1986
	7	正樹いっぱい生きようね	三井京子	亜紀書房	1987
	8	希望をありがとう	鹿島和夫	講談社	1987
	9	風の大将	玉木　功	エフエー出版	1989
	10	神様がくれた赤ん坊	宇都宮直子	講談社	1991
	11	神様がくれた赤ん坊	宇都宮直子	講談社文庫	1995
	12	神様がくれた茉莉子は小学一年生	宇都宮直子	講談社	1998
	13	神様がくれた赤ん坊　茉莉子の赤いランドセル	宇都宮直子	講談社文庫	2000
	14	君の名はオルガ	ジョセップ·M·アスピナス	春秋社	1992

分類		書名	著者名	出版社	発行年
障害5	15	父からダウン症の娘オルガへ	ジョセップ・M・アスピナス	春秋社	1999
	16	知行とともに	徳田　茂	川島書店	1994
	17	パパがんばって	佐藤　豊	関東出版社	1995
	18	ダウン症の妹と歩んで	小黒正夫	八朔社	1995
	19	神さまレイくんをありがとう	水越けいこ	スターツ出版	1997
	20	レイ君のネイビー色のランドセル	水越けいこ	東京書籍	2001
	21	周ちゃん、愛をありがとう	佐藤牧子	NHK出版	1997
	22	ダウン症のサラ	E・D・リーツ	誠信書房	1997
	23	走り来れよ，吾娘よ	岩元甦子・昭雄	かもかわ出版	1998
	24	ようこそダウン症の赤ちゃん	日本ダウン症協会	三省堂	1999
	25	笑うと勝ちよ！アップップ	坂本悠・和	吉備人出版	2000
	26	時を超えたダウン症そして…	辻　弘	文芸社	2001
	27	あなたが生まれて	小田ゆり	ポプラ社	2001
	28	奇跡の人　智ちゃんの光り	鈴木秀子	講談社	2002
	29	恵子が輝いた	奥野真人	草風館	2002
	30	たったひとつのたからもの	加藤浩美	文藝春秋	2003
	31	あほやけど，ノリオ	露の団六	中央法規	2004
	32	いのち輝く日	ミッチェル・ズーコフ	大月書店	2004
	33	あんととうしゃんかあしゃんあんとみんな	福井トシ子，他	自費出版	2005
	34	21番目のやさしさに	岩元　綾	かもがわ出版	2008

■てんかん

分類		書名	著者名	出版社	発行年
障害6	1	てんかんと私	日本てんかん協会	ぶどう社	1985

分類	書　名	著者名	出版社	発行年
障害6	2　風のかくれんぼ　てんかん黙示録	永井瑞江	信濃毎日新聞社	2007
	3　ソクラテス君に，幸あれ！	岡本明美	文芸社	2008

6. 心臓

■心臓分類表

分類　　　　病名
心臓 1　　拡張型心筋症（DCM）
心臓 2　　（特発性）拡張型心筋症
心臓 3　　解離性大動脈瘤
心臓 4　　狭心症・MRSA
心臓 5　　三尖弁閉鎖肺動脈狭窄
心臓 6　　心筋梗塞（狭心症）
心臓 7　　心筋梗塞／胃がん
心臓 8　　心室細動
心臓 9　　心筋炎
心臓 10　心房中隔欠損
心臓 11　先天性心臓疾患
心臓 12　僧帽弁閉鎖不全（心臓弁膜症）
心臓 13　僧帽弁狭窄症
心臓 14　僧帽弁狭窄，閉鎖不全・三叉弁閉鎖不全
心臓 15　大動脈炎症候群
心臓 16　大動脈弁閉鎖機能不全（心臓弁膜症）
心臓 17　大動脈弁閉鎖不全（心臓弁膜症）・心筋梗塞
心臓 18　大動脈弁狭窄症（心臓弁膜症）
心臓 19　肺気腫症／心房細動

- 心臓20　　肺動脈瘤破裂低酸素脳症
- 心臓21　　ファロー四徴症
- 心臓22　　閉塞性肥大型心筋症
- 心臓23　　房室ブロック

分類	書　名	著者名	出版社	発行年
■拡張型心筋症（DCM）					
心臓1	1　今をつないで 2　生きたい 3　友輝へ　お願い，ママにキスして 4　心からありがとう	はつゆき彩 奇跡の扉 TVのチカラ 今井広美 石川優子	新風舎 tv asahi 竹書房 はる書房	2006 2006 2008 2009
■(特発性)拡張型心筋症				
心臓2	1　三つの命にありがとう	若林登志子	扶桑社	2002
■解離性大動脈瘤				
心臓3	1　女が死と向き合う時 2　神様　ほんまに，ありがとう 3　大動脈瘤破裂から生還して	佐藤貴美子 西本和俊 竹田逸郎	新日本出版社 神戸新聞総合出版センター 丸善プラネット	1995 2007 2008
■狭心症・MRSA				
心臓4	1　入院患者のたどる道	中山　茂	MBC21	1996
■三尖弁閉鎖肺動脈狭窄				
心臓5	1　40本のカーネーションにつつまれて	坂見紀子	偕成社	1993
■心筋梗塞（狭心症）				
心臓6	1　私は自力で心臓病を治した	ノーマン・カズンズ	角川選書	1986

分類		書名	著者名	出版社	発行年
心臓6	2	心筋梗塞 助かった患者からのメッセージ	山川真司	農文協	1991
	3	内科病棟	木村ふみ	自費出版	1992
	4	狭心症・心筋梗塞でも生き生き元気に	高木 誠	保健同人社	1993
	5	心筋梗塞の前後	水上 勉	文藝春秋	1994
	6	心筋梗塞の前後	水上 勉	文春文庫	1997
	7	光明・或る心筋梗塞患者の手記	鹿谷求水	日本図書刊行会	1994
	8	生還の記	三木 卓	河出書房新社	1995
	9	生還の記	三木 卓	河出文庫	1998
	10	生かされてある	菅 昭教	近代文芸社	1996
	11	心臓バイパス手術からの生還	原 正二	健友館	1996
	12	マッコちゃんの思い出	林幸二郎	自費出版	1996
	13	マッコの想い出 「愛しているよ」と言えなくて	林幸二郎	文芸社	2002
	14	生きる闘い	一柳一男	渓声社	1997
	15	突然死!	香取章子	河出書房新社	2000
	16	闘病見聞録	宮口正和	文芸社	2000
	17	急性心筋梗塞からの生還	尾池和夫	宝塚出版	2000
	18	Heart Attach Rhapsody	柴垣節子	文芸社	2001
	19	おとうさんの心臓	谷口香織	文芸社	2001
	20	完全職場復帰	渡邉紘一	講談社	2002
	21	心臓突然死からの生還	高松 健	時潮社	2006

■心筋梗塞／胃がん

分類		書名	著者名	出版社	発行年
心臓7	1	生きる闘い 赤城次郎闘病録	一柳一男	渓声社	1997

■心室細動

分類		書名	著者名	出版社	発行年
心臓8	1	将, 今どうしてる?	船曳公子	自費出版	2005

分類		書名	著者名	出版社	発行年

■心筋炎

心臓9	1	22歳のメモリー	安藤友美子	文芸社	1999
	2	まあちゃん	森田フミ子	雲母書房	2001

■心房中隔欠損

心臓10	1	重さんのいる教室	中垣重人	かもがわ出版	1999

■先天性心臓疾患

心臓11	1	時間を紡いで	三村文恵	文芸社	2001
	2	405日のいのち，きらめく	瀬川秀樹	慶應義塾大学出版会	2002
	3	生きるために	湯本知子	健友館	2002
	4	命のプレゼント	寺嶋しのぶ	文芸社	2005
	5	ピリオドからの出発	朝倉圭子	文芸社	2005
	6	二度目の手術～心臓病と共に	酒井明子	星湖舎	2006
	7	あずさの1095日	利根川茂	文芸社	2007

■僧帽弁閉鎖不全（心臓弁膜症）

心臓12	1	限りある日を愛に生きて	草薙実・紀子	角川文庫	1977
	2	心臓病棟の60日	平澤正夫	新潮社	1987
	3	愛は心臓病をこえて	藤倉利恵子	マイライフ社	1993
	4	人工弁人生四半世紀	庄司光郎	エム企画	2002

■僧帽弁狭窄症

心臓13	1	翔べ，たんぽぽの綿毛よ	北村まさ子	東京経済	1995
	2	母より一日でも長く生きたい	酒井孝子	文芸社	2001
	3	心臓弁膜症の闘病記	熊谷清子	碧天舎	2004

■僧帽弁狭窄,閉鎖不全・三叉弁閉鎖不全

心臓14	1	十七歳　生と死をみつめて	古賀梅子	石風社	2003

分類		書　名	著者名	出版社	発行年

■大動脈炎症候群

心臓15	1	生きる為の遺書	鶴切光子	新風舎	2003

■大動脈弁閉鎖機能不全(心臓弁膜症)

心臓16	1	心臓手術を受けて	難波　雄	新生出版	2003

■大動脈弁閉鎖不全(心臓弁膜症)・心筋梗塞

心臓17	1	死からの生還	木村健一	だるま書房	2005

■大動脈弁狭窄症(心臓弁膜症)

心臓18	1	心臓手術　私の生還記	石岡荘十	文藝春秋	2004
	2	日録・心臓手術	島内　新	文芸社	2009

■肺気腫症／心房細動

心臓19	1	ふたりのためのレクイエム	田辺　愛	文芸社	2000

■肺動脈瘤破裂低酸素脳症

心臓20	1	植物状態からの生還	信貴芳則	調栄社	2001

■ファロー四徴症

心臓21	1	天国へ行った功ちゃん	出倉　宏	大和書房	1980
	2	パンツやぶいちゃった	村田良子	自費出版	1983
	3	パパの恵子	斎藤幸男	彌生書房	1986
	4	虹の彼方へ	沖鳳亭・元子	自費出版	1990
	5	生きててよかった	寺尾陽子	リヨン社	1995
	6	万里子のいのり	福岡英広	フィールドワイ	2004
	7	奇跡のあとに	宮崎順子	文芸社	2008

■閉塞性肥大型心筋症

心臓22	1	この心臓と生きる	ロバート・ペンサック	時事通信社	1997

■房室ブロック

心臓23	1	PM・はとこのハートだね！	鈴木タカコ	文芸社	2002
	2	わが闘病記房室ブロック	村山定男	文芸社	2002

7. 精神

■精神分類表

分類	病名
精神 1	アルコール依存症
精神 2	アルコール依存症／うつ病
精神 3	アルコール依存症／脳出血／食道がん／肺がん／口腔がん
精神 4	うつ病
精神 5	過食症（摂食障害）
精神 6	強迫神経症（強迫性障害）
精神 7	境界性人格障害
精神 8	拒食症（神経性食思不振症，摂食障害）
精神 9	統合失調症（精神分裂病）
精神 10	躁病
精神 11	躁うつ病（躁鬱病）
精神 12	ナルコレプシー
精神 13	パニック障害（不安神経症）
精神 14	パニック障害／うつ病
精神 15	場面緘黙症（選択無言症）
精神 16	マタニティ・ブルー
精神 17	慢性疲労症候群

分類		書名	著者名	出版社	発行年

■アルコール依存症

分類		書名	著者名	出版社	発行年
精神1	1	アルコール依存症	デニス・ホーリー	サイマル出版会	1987
	2	酒とバカの日々	神田愛山	木耳社	1989
	3	アル中になって良かった	山内孝道	星和書店	1989
	4	アル中地獄	邦山照彦	第三書館	1989
	5	キチンドリンカー	橋本明子	亜紀書房	1989
	6	私のアルコール依存症の記	西郊文夫	東峰書房	1991
	7	アルコール依存症,ある医師の歩いた道	西郊文夫	東峰書房	2005
	8	父よあなたは…	西沢典子	新風舎	1996
	9	アルコール・ラヴァー	キャロライン・ナップ	早川書房	1997
	10	断酒でござる	堀井 度	創栄出版	1999
	11	春よ,もう一度	河合香博	シングルカット社	2000
	12	イカロスの翼	謙鷹隆作	文芸社	2002
	13	圓明園の蒼	石川和子	暮しの手帖社	2002
	14	たえしのぶ花	秋山くに子	文芸社	2002
	15	酒乱の目	風見 豊	碧天舎	2003
	16	泣いた分だけ笑わしたる!	岡八朗・市岡裕子	マガジンハウス	2003
	17	飲んで死にますかやめて生きますか	三輪修太郎	星和書店	2003
	18	魂か,血か。	遠山夏彦	三五館	2003
	19	詩集 マサヒロ兄さん	浅見洋子	けやき書房	2003
	20	たった一度のありがとう	大石さち子	文芸社	2004
	21	人生は,曇りのち晴れ	あつきゑみ	碧天舎	2005
	22	そして,アルコール依存症	山本 茜	文芸社	2007
	23	断酒会 百人百話	松永哲人	熊本出版文化会館	2007

分類	書　名	著者名	出版社	発行年
精神1	24　飲んべえが種まきゃ	遠藤智夫	玄竜舎	2008

■アルコール依存症／うつ病

分類	書　名	著者名	出版社	発行年
精神2	1　五十五歳のエチュード	宮﨑康子	文芸社	2001
	2　心をすくって	井上ゆり子	文芸社	2006

■アルコール依存症／脳出血／食道がん／肺がん／口腔がん

分類	書　名	著者名	出版社	発行年
精神3	1　ある脳障害者の記憶	中野隆二	文芸社	2006

■うつ病

分類	書　名	著者名	出版社	発行年
精神4	1　うつ病女性の日記	ウアズラゴールドマン・ボッシュ	同朋社	1988
	2　こうしてうつ病に克った	鷲山純一・鈴木康夫	太陽出版	1989
	3　うつ病女性の手記	マーガレット・マクレイ	中央洋書出版部	1991
	4　闇から光へ	ノーマン・S・エンドラー	星和書店	1995
	5　絶望をこえて	いずみあいこ	近代文藝社	1995
	6　幸せがこわれるとき	マーサ・マニング	The Japan Time	1996
	7　うつ病者の手記	時枝　武	人文書院	1997
	8　うつ，その深き淵より	ピート・C・カイパー	創元社	1997
	9　うつ病と闘ったある少女の記録	トレーシー・トンプソン	大和書房	1997
	10　人間,「うつ」でも生きられる	谷沢永一	講談社	1998
	11　私のカルテ	佐藤浩子	文芸社	1999
	12　病気は人生の挫折ではない	小川　宏	文化創作出版	2001
	13　「定年うつ」私はこうして乗り越えた	小川　宏	講談社	2004

分類		書　名	著者名	出版社	発行年
精神4	14	夫はうつ，妻はがん	小川　宏	清流出版	2006
	15	旅　生きるってなんだろう？	姫子松はな	文芸社	2001
	16	精神科医がうつ病になった	泉　基樹	廣済堂出版	2002
	17	精神科医がうつ病になった	泉　基樹	廣済堂文庫	2008
	18	やまない雨はない	倉嶋　厚	文藝春秋	2002
	19	やまない雨はない	倉嶋　厚	文春文庫	2004
	20	心を病むということ	谷内江梨子	文芸社	2002
	21	うつ病者からの手紙	あい子・時枝武	新曜社	2003
	22	よろしく，うつ病	覚　慶悟	彩流社	2003
	23	凄絶な生還　うつ病になってよかった	竹脇無我	マキノ出版	2003
	24	うつ病編集長の退職日記	飯富景昭	健友館	2003
	25	うつ…倒れる前のずる休み	飯富景昭	ブレーン出版	2005
	26	消えてしまいたい	川上涼子	文藝春秋	2003
	27	ビジネスマン「うつ」からの脱出	楠木　新	創元社	2003
	28	真昼の悪魔（上）	アンドリュー・ソロモン	原書房	2003
	29	真昼の悪魔（下）	アンドリュー・ソロモン	原書房	2003
	30	歌集　鬱の壺　ある闘病の記録	梅地和子	河出書房	2004
	31	「うつ」への復讐	高島忠夫	光文社	2004
	32	うつ病の妻と共に	御木達哉	書肆フローラ	2004
	33	うつ病の妻と共に	御木達哉	文春文庫	2007
	34	うつ　みんなで分かちあえば，もっと楽になれるよ	仁科　綾	二見書房	2004
	35	リセット	watari	健康ジャーナル社	2004

分類		書　名	著者名	出版社	発行年
精神4	36	課長かっちゃん　うつからの生還	武田克也	日本経済新聞社	2004
	37	アカルイうつうつ生活	上野　玲	しょういん	2004
	38	アカルイうつうつ生活	上野　玲	知恵の森文庫	2007
	39	僕のうつうつ生活	上野　玲	知恵の森文庫	2005
	40	僕のうつうつ生活，それから	上野　玲	並木書房	2008
	41	ゆれる心	秦まどか	新風舎	2004
	42	20歳。結婚。出産。病名「うつ病」。	おくやま　あい	文芸社	2004
	43	うつからの我流脱出	鈴木　淳	文芸社	2004
	44	心，裸にしてみたら	片瀬紫央	文芸社	2004
	45	絶望と希望の狭間で	小野寺一夫	碧天舎	2004
	46	でこぼこ家族	安藤　春	文芸社	2004
	47	うつにっき	佐鳥未果	碧天舎	2005
	48	うつ病を体験した精神科医の処方箋	蟻塚亮二	大月書店	2005
	49	うつ病からの生還	井口英治	はまの出版	2005
	50	心の病と共に生きる	磯村万里子	新風舎	2005
	51	ダンナがうつで死んじゃった	きむらひろみ	アニカ	2005
	52	治るよ！うつ病	京司　亨	新風舎	2005
	53	うつうつとゆるゆる	伊丹由宇	PHP	2005
	54	普通の精神科医？	明海著，マーク・ソープ写真，リー・ダンシー翻訳	星和書店	2005
	55	泣かないうさぎ	桜井真樹子	文芸社	2005
	56	うつ病と闘って	大金良夫	文芸社	2005
	57	「うつ病」を見つめて	姜明姫	文芸社	2006
	58	ツレがうつになりまして。	細川貂々	幻冬舎	2006
	59	うつから現（うつつ）へ	脇るみ子	PHPエディターズグループ	2006
	60	ゼロから歩き出そう	涼木真奈香	文芸社	2006

分類		書名	著者名	出版社	発行年
精神4	61	うつ病だっていいじゃない	原 典子	新風舎	2006
	62	心をすくって	井上ゆり子	文芸社	2006
	63	わたしは「うつ」苦しみと愛のはざまで	とお野ひろみ	新風舎	2006
	64	うつ病はこうして治った!	片岡由弥子	新風舎	2006
	65	私, 幸いなことにうつ病を患っています。	小林亮太	幻冬舎ルネッサンス	2006
	66	ある銀行マンのうつからの生還	桜井和也	心の健康相談室	2007
	67	エリのうつ	ひるま・ちいね	ゴマブックス	2007
	68	私のうつ病日記	マチルド・モナク	オープンナレッジ	2007
	69	うつから帰って参りました	一色伸幸	アスコム	2007
	70	うつ病記	はやしたけはる	メディカルビュー社	2007
	71	わかってほしい! うつ病者のホントの気持ち	安部結貴	主婦の友社	2007
	72	まあええわ	山本恵美	新風舎	2007
	73	夫を好きにさせたうつ病	あまね悠里	文芸社	2007
	74	うつ病になった私	青空柚希	文芸社	2008
	75	喜びのお裾分け	鈴木ふき江	文芸社	2008
	76	「うつ」ってハッピー!?	進藤由美	文芸社	2008
	77	バニラエッセンス	赤穂依鈴子	星和書店	2009
	78	私のうつ病	斎藤陽季	文芸社	2009
	79	黒い部屋の夫 (上)	市原恵理	インフォレスト	2009
	80	黒い部屋の夫 (下)	市原恵理	インフォレスト	2009
	81	鬱の中で, 精神病棟の中で	夏見美月	文芸社	2009

■過食症(摂食障害)

分類		書名	著者名	出版社	発行年
精神5	1	それでも吐き続けた私	冨田香里	講談社	1997
	2	生まれかわるまで	尾崎弥生	星和書店	2000
	3	私は食べものに殺される	斉藤 恵	文芸社	2004

分類	書　名	著者名	出版社	発行年
精神5	4　飛べない小鳥	和泉景子	文芸社	2005

■強迫神経症（強迫性障害）

分類	書　名	著者名	出版社	発行年
精神6	1　実体験に基づく強迫性障害克服の鉄則 35	田村浩二	文芸社	2001
	2　実は僕は精神障害者	サイコMORO	新風舎	2004
	3　不潔が怖い	花木葉子	星和書店	2005
	4　心の源流	小田ひろこ	ブイツーソリューション	2008

■境界性人格障害

分類	書　名	著者名	出版社	発行年
精神7	1　思春期病棟の少女たち	スザンナ・ケイセン	草思社	1994
	2　魂（こころ）の穴	山口麗子	文芸社	2003
	3　多重人格…でも私はママ	宇賀直子・秀人	ぶどう社	2003
	4　妻が三歳児になったとき	松村富美男	本の森	2004
	5　境界に生きた心子	稲本雅之	新風舎	2005
	6　自殺依存	悠風　茜	関西看護出版	2007

■拒食症（神経性食思不振症，摂食障害）

分類	書　名	著者名	出版社	発行年
精神8	1　精神科小児病棟	ヴァレリー・ヴァレール	青土社	1983
	2　チェリーは食べるのが怖い	チェリー・ブーン・オニール	河出書房新社	1984
	3　拒食症を克服した私	チェリー・ブーン・オニール	河出書房新社	1995
	4　拒食しか知らなかった	小林万佐子	星和書店	1995
	5　わたしは拒食症だった	ファビオラ・ド・クレール	草思社	1996
	6　どうして食べられないの？	神田黎子	東京経済（MBC21）	1996

分類		書名	著者名	出版社	発行年
精神8	7	拒食な私	神崎恵華	日本図書刊行会	1997
	8	もっと痩せたい！	クレア・ビーケン	大和書房	1998
	9	愛と苦悶の物語	杉村光子	文芸社	2000
	10	拒食症の息子とともに	松岡裕子	文芸社	2004
	11	春一番が吹いたよ	山崎蓉子	東銀座出版社	2004
	12	私を救ってくれた小っちゃな幸せパワー	木ノ葉のこ	コスミック	2005

■統合失調症（精神分裂病）

分類		書名	著者名	出版社	発行年
精神9	1	分裂病の少女の手記	セシュエー	みすず書房	1955
	2	病める心の記録	西丸四方	中公新書	1968
	3	ユキの日記	笠原 嘉	みすず書房	1978
	4	分裂病の・娘の・記録	佐々木章一	晩聲社	1980
	5	大地に伏す	菅原ぺて呂	柏樹社	1988
	6	犬吠崎の見える海	岡田英明	素人社	1989
	7	閉鎖病棟の憂鬱	松本真一	批評社	1989
	8	分裂病を生きる	安斎三郎	日本評論社	1990
	9	春遠からじを信じて	茅坂草一	燈影社	1990
	10	『精神病棟』閉ざされた200日	瀬谷 健	恒友出版	1991
	11	精神病を見つめて	天野恵子	近代文藝社	1993
	12	ロリの静かな部屋	ロリ・シラー／アマンダ・ベネット	早川書房	1995
	13	精神病院からの（への）訴状	佐治正昭	近代文藝社	1996
	14	闇から光へ	小川宏子	キリスト新聞社	1997
	15	秋の日の夕暮れ	藤島五郎	新風舎	1999
	16	心を病むってどういうこと？	古川奈都子	ぶどう社	2001
	17	こんな自分に負けへんで	森本真由	文芸社	2001

分類		書　名	著者名	出版社	発行年
精神9	18	辞表	梅本照雄	文芸社	2001
	19	ある精神病患者の手記	死人のイエス	文芸社	2001
	20	ガラスの壁	澤　光邦	晩聲社	2001
	21	トンネルをぬけて	宮田広子	萌文社	2001
	22	妄想と現実の間の中で	京川朝美	文芸社	2001
	23	とどけて願いを	原ゆうこ	文芸社	2001
	24	心を乗っとられて	森　実恵	潮文社	2002
	25	〈心の病〉をくぐりぬけて	森　実恵	岩波ブックレット	2006
	26	幻聴	中山鹿之介	健友館	2002
	27	ともし火	吉田美保子	文芸社	2002
	28	心の病との闘い　そして	大石洋一	文芸社	2002
	29	私は神様!?	山本朋英	新風舎	2002
	30	思いの丈	三田晴彦	萌文社	2003
	31	紙の城	柏樹弘二	杉並けやき出版	2003
	32	幻聴　アジアンタムの指輪	楠瀬温子	健友館	2003
	33	精神病棟の二十年　その後	松本昭夫	新潮文庫	2004
	34	統合失調症ぼくの手記	リチャード・マクリーン	晶文社	2004
	35	ウィー・アー・クレイジー!?	佐々英俊・高松紘子	寿郎社	2004
	36	心の闇を抜けて	斉藤めぐみ	文芸社	2004
	37	神様日記	竹　友輔	彩図社	2005
	38	ジレンマ	真井奈洋	新風舎	2005
	39	幸せになりたい。	森　海優	新風舎	2005
	40	散らない花	夏山光流	文芸社	2005
	41	ぼくは統合失調症	川村　実	雲母書房	2006
	42	やっと本当の自分に出会えた	上森得男	アルタ出版	2006
	43	ママの心が病んでから	瀬戸紗智子	ぶどう社	2006

分類		書名	著者名	出版社	発行年
精神9	44	浅い眠り	高木美佐子	新風舎	2006
	45	私の統合失調症な世界	文上曲帰	文芸社	2007
	46	精神障害を乗り越えて	西　純一	文芸社	2007
	47	わが家の母はビョーキです	中村ユキ	サンマーク出版	2008
	48	精神障害の子とともにある家族の記録	村岸基量	文芸社	2009
	49	風の音を聴きながら	東瀬戸サダエ	ラグーナ出版	2009

■躁病

精神10	1	「閉鎖病棟」日記	浜崎一郎	第三書館	1999

■躁うつ病（躁鬱病）

精神11	1	躁鬱病　私の記録	佐藤宏明	柘植書房	1988
	2	続・躁鬱病　私の記録	佐藤宏明	柘植書房	1990
	3	むしろ花園としての精神病棟	丸山めぐこ	透土社	1994
	4	Let's Enjoy ソーウツ病	林　恭子	柘植書房	1995
	5	続　Let's Enjoy ソーウツ病	林　恭子	柘植書房	1998
	6	躁鬱病を生きる	田村　正	聖恵授産所出版部	1995
	7	躁うつ病を生きる	ケイ・ジャミソン	新曜社	1998
	8	原点を見つめて　そううつ闘病日記	大空　舞	日本図書刊行会	1998
	9	御手の中に	小宮山昌雄	ほおずき出版	1998
	10	心が雨漏りする日には	中島らも	青春出版	2002
	11	輝ける日々	ダニエル・スティール	朝日出版社	2003
	12	「そううつ病体験記」元国際線スチュワーデス	蛯原光江	新風舎	2004
	13	精神病院　春過ぎて	小城ゆり子	審美社	2004

分類		書 名	著者名	出版社	発行年
精神11	14	マンガ お手軽躁うつ病 講座 High&Low	たなかみる	星和書店	2004
	15	マンガ 境界性人格障害＆躁うつ病 REMIX	たなかみる	星和書店	2006
	16	家族の絆	拓明成法	新風舎	2005
	17	あなた	石村伸子	早稲田出版	2005
	18	躁!うつ病患者の妻の本音	火鳥　優	新風舎	2005
	19	やじろべえ	御園生美穂	日本文学館	2007
	20	死なないで	間瀬中子	大月書店	2007
	21	私，精神科に入院してました	西野　桜	太陽出版	2007
	22	シバの女王の娘	ジャッキ・ライデン	晶文社	2008

■ナルコレプシー

分類		書 名	著者名	出版社	発行年
精神12	1	霧の道五十年	藤田　光	現代文藝社	2002

■パニック障害(不安神経症)

分類		書 名	著者名	出版社	発行年
精神13	1	パニック発作，自分が壊れていく	高橋いずみ	講談社	1997
	2	神経症・パニック障害の実態	福島幸治	愛生社	2001
	3	迷宮から出発へ　回復への交換メール	ピーターうさぎ	リトル・モア	2001
	4	パニック障害の日常	仲江太陽	文芸社	2002
	5	パニック障害に悩むあなたに	みわ	文芸社	2002
	6	あるがままにゆっくりと	加崎菜美	文芸社	2003
	7	明るいパニック生活	山下京子	健友館	2003
	8	わたしもパニック障害だった	ルシンダ・バセット	VOICE	2004
	9	もっと強く，もっと愚直に	元木由記雄	講談社	2004
	10	治さなくてもいい?	彩木美月子	新風舎	2005

分類		書 名	著者名	出版社	発行年
精神13	11	半分病気	秋元 昇	文芸社	2005
	12	パニックの女	クエン	新風舎文庫	2007
	13	やっと。やっと！	大場久美子	主婦と生活社	2009
	14	僕はもう，一生分泣いた	円 広志	日本文芸社	2009
	15	パニックマン	高尾 淳	新潮社	2009

■パニック障害／うつ病

分類		書 名	著者名	出版社	発行年
精神14	1	「治らなくてもいい」から始めよう	美恵野千人	早稲田出版	2003
	2	いつも心にオアシスを	ぽんたる	新風舎	2004
	3	梅一夜	平野洋子	祥伝社	2006
	4	くもりのち雨時々晴れ	和泉りょう	日本文学館	2007

■場面緘黙症（選択無言症）

分類		書 名	著者名	出版社	発行年
精神15	1	負けたらあかん！	石川百合子・麻利	近代文藝社	1995
	2	君の隣に 緘黙という贈り物	さくら　かよ	文芸社	2002

■マタニティ・ブルー

分類		書 名	著者名	出版社	発行年
精神16	1	マタニティブルー	木村もちこ	サイマル出版会	1988

■慢性疲労症候群

分類		書 名	著者名	出版社	発行年
精神17	1	慢性疲労症候群日記	湯浅俊恭	講談社出版サービスセンター	2001

参考文献一覧

1章　医療情報資源としての「闘病記」
- 石井保志「闘病記文庫の誕生－闘病記を必要な人に届ける試み」『みんなの図書館』通号 341［2005.9］p.3-11
- 後藤久夫「東京都立中央図書館における『闘病記文庫』受入までの経過と雑感－管理職として感じたこと，考えたこと」『みんなの図書館』通号 341［2005.9］p.12-18
- 土出郁子「『闘病記』資料群の性格と愛媛大学図書館医学部分館における事例」『大学図書館問題研究会誌』31［2008.8］p.7-15
- 「特集　闘病記とは何か－医療資源として見直される闘病記」『星と泉』2［2009.02］p.8-21
- 門林道子「病いの語り－グリーフワークとしての闘病記」『日本女子大学大学院人間社会研究科紀要』8［2002.3］p.123-137
- 門林道子「グリーフワークとしての『闘病記』の意義－書くことと『再生』」『がん看護』14(1)(通号 77)［2009.1・2］p.71-74

2章　「闘病記文庫」のつくり方
- 健康情報棚プロジェクト「闘病記文庫　棚作成ガイドライン　第1版」2006
- 健康情報棚プロジェクト「がん闘病記文庫作成ガイドライン 2011 年版」2011

3章　「闘病記文庫」の利用と運用
- 石井保志「健康情報棚プロジェクトの紹介－新たな情報資源を発掘し，適切な情報を届ける」『みんなの図書館』341［2005］p.19-30
- 西河内靖泰「ごぞんじですか？　闘病記ライブラリー」『専門図書館』222［2006］p.33-38

4章 「闘病記」と利用者の声

・和田恵美子「『闘病記文庫』は患者・医療者に何をもたらすか－健康情報棚プロジェクトの多職種協働活動を通して」『情報管理』49(9)[2006.12]p.499-508
・川村殉子「奈良県立医科大学附属図書館における闘病記文庫の設置」『医学図書館』56(2)[2009.6]p.127-130
・「『闘病記』研究について－闘病記研究会フォーラム 『闘病記は医療者教育に役立つことができるか』の報告」『星と』4[2010.1]p.22-29
・土屋明美,與那正栄,渡辺謹三他「闘病記を読む－薬学導入教育としての展開」『東京薬科大学研究紀要』13[2010]p.69-75
・石川道子,松本直子ほか「看護大学が開設する市民向け健康情報ナビスポットの闘病記コーナーの機能」『医療情報学』Supple.(2007)
・石川道子「'通りがかりの人'に開放した看護大学の医療・健康情報サービス」『看護と情報』17巻[2010.3]p.35-40
・星野史雄「闘病記を必要な人に届ける」『みんなの図書館』通号317[2003.9]p.3-12
・和田恵美子「闘病記にみる病いを物語るきっかけ」『聖路加看護学会誌』7(1)[2003],p1-8
・木立るり子「医療とかかわる患者・家族の病気対処－28冊の闘病記から」『弘前大学医療技術短期大学部紀要』25[2001]p.65-74

5章 「闘病記文庫」から広がるサービス

・石井保志「患者さんの人生を支える「情報支援」－クリニカルパスを応用したライフマップと健康情報棚」『看護学雑誌』72(8)[2008.8]p.682-690
・五十嵐歩,大橋優紀子「疾患・障害とともに生きる人生を支えるために患者さんの人生を視る！『ライフマップ』の可能性」『看護学雑誌』72(9)[2008.9]p.776-785

・長（大橋）優紀子，五十嵐歩，鈴木信行他「二分脊椎症ライフマップの開発による患者の人生の理解と適切な情報提供－患者の主体的医療参加とパートナーシップの実現をめざして」『医療の質・安全学会誌』4(1)[2009]p.56-63

〈単行書〉
・前田志奈子『いのち輝く：闘病記100冊から学ぶ』看護の科学社，1991
・柳田邦男編『「生と死」の現在』文芸春秋，1992（同時代ノンフィクション選集　柳田邦男責任編集　第1巻）
・柳田邦男編『病いを超えて』文芸春秋，1992（同時代ノンフィクション選集　柳田邦男責任編集　第2巻　新しい自己1）
・健康情報棚プロジェクト編『からだと病気の情報をさがす・届ける』読書工房，2005（UDライブラリー）
・江口重幸，斎藤清二，野村直樹編『ナラティヴと医療』金剛出版，2006
・健康情報棚プロジェクト，からだとこころの発見塾編『からだといのちに出会うブックガイド』読書工房，2008
・北澤京子『患者のための医療情報収集ガイド』筑摩書房，2009（ちくま新書789）
・闘病記専門古書店パラメディカ，闘病記サイトライフパレット編『病気になった時に読むがん闘病記読書案内』三省堂，2010

〈医学と文学〉
・山崎賢二「事例報告　ケアのナラティブ：ケアを描いた手記小説詩歌と感情表現のデータベース化の試み」『医学図書館』53(2)[2006.6]p.161-165
・山崎賢二「闘病を描いた小説詩歌」『医学図書館』51(2)[2004.6]p.163-166
・鈴木晃仁「医学と英文学　(1)臨床医学の物語的転回」『英語青年』

152(1)（通号 1886）［2006.4］p.25-27
- 鈴木晃仁「医学と英文学　(2)痛みを語ること・読むこと」『英語青年』152(2)（通号 1887）［2006.5］p.93-96
- 鈴木晃仁「医学と英文学　(3)医学テキストの中の文学」『英語青年』152(3)（通号 1888）［2006.6］p.148-150
- 鈴木晃仁「医学と英文学　(4)患者による病気の物語」『英語青年』152(4)（通号 1889）［2006.7］p.217-220
- 鈴木晃仁「医学と英文学　(5)疫病の文学」『英語青年』152(5)（通号 1890）［2006.8］p.289-291
- 鈴木晃仁「医学と英文学　(6・最終回）身体化された医学理論」『英語青年』152(6)（通号 1891）［2006.9］p.362-364

〈予稿集ほか〉
- 闘病記研究会シンポジウム実行委員会「予稿集」2009.1.10
- 闘病記研究会フォーラム実行委員会「予稿集」2009.10.24

あとがきにかえて

　図書館で医療情報サービスを始めてみたいが，どこから手をつけてよいのかが，よくわからない。——せっかくサービスを始めたいと思ったのに，やり方の糸口が見出せない図書館向けに，"それなら「闘病記文庫」からスタートしてみたら"との提言をさせていただいたのが本書です。

　図書館の現場では，利用者からの医療情報のニーズを常日頃から感じ取っていて，きっかけさえあればサービスに取り組みたいと思っている方が，けっこう多いのではないでしょうか。

　医療情報サービスの第一歩に迷っておられるなら，闘病記研究者や図書館員，医療関係者などが，「闘病記」を「求めている人に届ける」ために知恵を出しあった「闘病記文庫」を手始めに取りかかっていただければ，サービスがやりやすく失敗も少ないのではないかと考えました。「闘病記文庫」はいくつかの図書館や病院においてモデル棚を設置して実証実験を行い，実際に患者や家族のみなさんの厳しくも暖かいニーズの検証という洗礼を受けています。ですから，設置直後からある程度の市民からの反響が期待でき，「医療情報提供」にささやかな自信を持っていただけるのではないかと思っています。

　言うまでもなく，「闘病記」そのものが持つ力，資料としての価値は，執筆者や編集者，出版社など，それを発行された多くの人々の尽力の賜物です。一方，出版流通では，それを誰もがいつでも手にとれるという状況にはなく，残念ながら別次元の難しさがあるのが現実です。

「健康情報棚プロジェクト」が目指す事業は資料ごとにいくつかありますが，最初に「闘病記」に取り組んだのは，すでにそうした資料は図書館が所蔵しているからというのが理由でした。分類や排架の工夫をして，サービスのコンセプトを明確に打ち出しさえすれば，多くの図書館でサービスの実践が容易に可能になるからです。

　どのような形であっても，医療情報サービスを開始することはできますが，実際に始めようとすると，コンセプトを決めることや具体的な資料を選んでいくことはかなり難しいものです。ましてや，サービスが本当に利用者の要求に合っているのか，図書館側の独りよがりな情報提供になっていないか，医療機関のような専門機関ではない図書館が取り組むことに最初から自信を持てないのは，むしろ当然のことなのです。世界中の多くの医療関係の研究者が患者ニーズを探るリサーチをしていても，まだ明確な答えが出ていないので現状なのですから。

　さて，残念ながら本書ではページ数の関係で，取り上げられなかった事項が3つあります。ひとつは「免責事項」のことです。現在，海外での先行事例をそのまま参考にして，医療情報コーナーに「免責事項」の掲示をしている図書館があります。医療情報の提供とセットで「免責事項」を謳うこと自体の是非が，図書館の現場で論じられることが少ないのが不思議でたまりません。図書館において，どうしてあえて「医療」だけを特別視するのか，という気持ちを持っています。

　2つ目は，昨今「医療情報サービス」を「課題解決型サービス」と称し，「ビジネス支援サービス」や「法情報サービス」と同列に位置づける見方があります。しかし，筆者は「医療情報サービス」

は決して「課題解決」でなく，日常生活の延長線上にあるもの，むしろニュアンスとしては「育児支援」などに近い，もっと身近にある利用者ニーズに応えるサービスだと思うのです。

最後の3つ目は，学際的な「闘病記」の研究成果の紹介をしたいと思っていましたが，かないませんでした。こちらについては，参考文献をご覧いただきたいと思います。

私たち図書館員は，これまで医療情報に関して，イメージだけで資料選定や提供を判断してきたのかもしれません。「闘病記」という資料ひとつでさえ，今まで資料研究が深くなされてきませんでした。資料の専門家であるはずの図書館員とは何かという，筆者自身の自問自答が本書だと思っていただければ幸いです。

多くの医療情報資源が世の中に散らばっています。図書館員だけでは発見できなくても，さまざまな眼力のある人，立場の違う多くの人たちからの協力を得られれば，資料は確実に「見える」ようになる，そう確信しています。

最後に，2004年に発足して以来，「健康情報棚プロジェクト」のメンバーのみなさんが，まったくの手弁当で，多くの討論をかさねながら共同作業を進め，さまざまな活動に取り組み成果をあげることができましたことを，いまさらながら思い起こし感謝の念にたえません。

ともすれば，インターネットが重視される今日において，「紙媒体」の「闘病記」を「資料提供」するという，いわば三位一体のアナクロニズムとも感じられる目標を掲げ訴え続けてきた，一人の司書として，看護師，研究者，ジャーナリストをはじめ，他職種のメンバー構成で共有できたことは，大変感慨深いものがあり

ました。
　ここに関係され協力いただいたすべての方に感謝を申し上げ，本書の結びといたします。

2011 年 4 月

石井　保志

事項索引

・「第I部 『闘病記文庫』の設置方法」を対象に，主要事項のみを収録した。

【あ行】
愛荘町立秦荘図書館 ……………… 22
生き方情報 …………………………… 14
医療情報のピラミッド ……………… 15
NPO法人連想出版 ………………… 3
大阪厚生年金病院 ………………… 23
大阪府立大学 …………………… 8,37

【か行】
仮想本棚 …………………………… 3
患者の情報ニーズ ………………… 13
患者発の症例報告 …………… 35,38
看板 ………………………………… 22
寄贈 …………………………… 27,28
健康情報棚 ……………… 41,42,44
健康情報棚プロジェクト
 …………………………… 2,3,42,44
広報 ………………………………… 26
国立情報学研究所 ………………… 3

【さ行】
情報の救急箱 ……………………… 42
情報の串刺し ………………… 41,44

新規購入 …………………………… 18
聖路加看護大学 ……………… 32,33
選書方針 …………………………… 28
相互貸借 …………………………… 18
蔵書検索（OPAC） ……………… 31

【た・な行】
闘病記のイメージ ………………… 10
闘病記の定義 …………………… 9,30
闘病記プロジェクト ………………… 3
闘病記文庫さくらんぼ ……………… 8
闘病記文庫棚作成ガイドライン
 ……………………………… 4,30,48
闘病記もどき ……………………… 9
闘病記ライブラリー ………………… 3
読書療法 …………………………… 36
図書館ネットワーク …………… 18,25
鳥取県立図書館 …………………… 23
ナラティブ …………………………… 37

【は行】
排架場所 …………………………… 21
パラメディカ ……………………… 35

事項索引 ……… 201

病名分類	11,12,13,29,30
病名見出し	6,21,29
複数の病気	22
ブックカバー	20,21
分類ラベル	19,20
星野史雄	35

【や・ら・わ行】

病の語り	8,37
ライフマップ	43
ラヴェンダー	23
るかなび	32,33
レフェラルサービス	29
和田恵美子	37

病名索引

- 「第Ⅱ部　闘病記リスト」の病名をアルファベット順, 五十音順に配列した。掲載事項は, 病名, ページである。
- 病名分類で（ ）付きの名称がある場合は, それぞれの読みの下に採録した。

● アルファベット順

ADA 欠損症 ……………………… 116
ADHD/ADD（注意欠陥・多動性障害）………………………………… 169
ALS（筋萎縮性側索硬化症）…… 123
DAI（びまん性軸索損傷）……… 167
DCM（拡張型心筋症）…………… 176
GM1 ガングリオシドーシス …… 132
LAM（肺リンパ脈管筋腫症）…… 144
MRSA・狭心症 …………………… 176
SCD（脊髄小脳変性症）………… 156
SIDS（乳幼児突然死症候群）… 143
XP（色素性乾皮症）……………… 133

● 五十音順

【あ】

悪性胸膜中皮腫 …………………… 72
悪性黒色腫 ………………………… 94
悪性絨毛上皮腫 …………………… 94
悪性リンパ腫 ……………………… 94
悪性リンパ腫（ホジキン病）…… 96
悪性リンパ腫／小児がん ……… 104
悪性リンパ腺肉腫・腎不全／小児がん …………………………… 105
アクロメガリー（先端巨大症・脳下垂体腫瘍）………………………… 116
アトピー ………………………… 116
アトピー（ステロイド軟膏禍）… 137
アルコール依存症 ……………… 181
アルコール依存症／うつ病 …… 182
アルコール依存症／脳出血／食道がん／肺がん／口腔がん …… 182
アルツハイマー病 ……………… 151
アレルギー ……………………… 116

【い】

胃がん ……………………………… 72
胃がん／食道がん／咽頭がん …… 77
胃がん／舌がん …………………… 77
胃がん／膀胱がん ………………… 77
インスリノーマ ………………… 117
インスリン依存型糖尿病（1 型, 小児糖尿病）………………………… 141

病名索引 ……… 203

咽頭がん ……………………… 84	角膜ヘルペス ………………… 120
咽頭がん・乳がん …………… 85	下肢閉塞性動脈硬化 ………… 121
院内感染 ……………………… 117	過食症（摂食障害）…………… 185
	滑脳症 ………………………… 154
【う】	川崎病 ………………………… 120
ウィルソン病 ………………… 117	がん（詳細不明）……………… 101
ウイルムス腫瘍 ……………… 96	肝炎 …………………………… 121
ウェルドニッヒ・ホフマン病（進行性	肝硬変 ………………………… 121
脊髄性筋萎縮症）…………… 117	肝細胞がん …………………… 80
うつ病 ………………………… 182	肝臓がん ……………………… 78
	肝臓がん／食道がん ………… 80
【え】	肝臓がん／白血病 …………… 80
エイズ（後天性免疫不全症候群）	顔面奇形 ……………………… 122
………………………………… 118	
円形脱毛症 …………………… 119	**【き】**
炎症性多発性仮性動脈瘤 …… 120	吃音 …………………………… 122
黄斑変性 ……………………… 120	嗅神経芽細胞腫 ……………… 94
	急性アルコール中毒 ………… 122
【お】	急性小脳失調 ………………… 154
横紋筋肉腫 …………………… 92	（急性）膵炎 ………………… 137
横紋筋肉腫／小児がん ……… 103	急性脳症 ……………………… 154
	境界性人格障害 ……………… 186
【か】	狭心症・MRSA ……………… 176
外陰がん ……………………… 65	狭心症（心筋梗塞）…………… 176
潰瘍性大腸炎 ………………… 120	胸腺がん ……………………… 72
解離性大動脈瘤 ……………… 176	強直性脊椎炎 ………………… 122
下顎がん／小児がん ………… 106	強迫神経症（強迫性障害）…… 186
化学物質過敏症 ……………… 120	巨細胞腫 ……………………… 122
顎関節症 ……………………… 120	拒食症（神経性食思不振症，摂食
拡張型心筋症（DCM）………… 176	障害）………………………… 186
拡張型心筋症（特発性）……… 176	ギランバレー症候群 ………… 126

筋萎縮症（神経性）................122
筋萎縮性側索硬化症（ALS）....123
筋ジストロフィー（進行性筋萎縮症）
　................125
筋ミオパシー（ミオパチー）........126

【く】

クモ膜下出血・硬膜下血腫......154
クルーゾン症候群（クルゾン症候群）
　................127
クローン病................127

【け】

頸肩腕障害・乳がん・パーキンソン
　病................127
形成異常................127
頸椎後縦靭帯骨化症................128
頸椎損傷................127
頸椎損傷・C型肝炎................128
頸動脈海綿静脈洞瘻................128
頸部交感神経刺激症状（バレ・リ
　ユー症候群）................145
結核................128
結核性髄膜脳炎................155
血管腫................96
血管肉腫................92
血球貪食症候群／小児がん......105
結合組織腫瘍................96
結節性硬化症................129
結腸がん................89
結腸憩室炎................129

血友病 B................129
（原発性）胆管硬化症................140

【こ】

口蓋裂症（口蓋破裂）................129
睾丸（腫瘍）がん................65
口腔がん................85
膠原病................130
膠原病・ギランバレー症候群......127
後縦靭帯骨化症................129
甲状腺がん................67
後天性免疫不全症候群（エイズ）
　................118
喉頭がん................83
喉頭がん／食道がん................84
更年期障害................130
股関節症................130
股関節脱臼................130
コケイン症候群................131
骨形成不全症................131
骨髄異形成症候群................100
骨髄異形成症候群／腎不全／髄
　膜瘤................100
骨折................131
骨肉腫................93
骨肉腫／小児がん................103
骨溶解性悪性血管腫................97

【さ】

再生不良性貧血................132
サヴァン症候群................169

サリドマイド	132
サルコイドーシス	132
三尖弁閉鎖肺動脈狭窄	176

【し】

歯科矯正	132
視覚失認症	155
色素性乾皮症（XP）	133
子宮がん	62
子宮がん／肝臓がん	63
子宮がん／腎臓がん	63
子宮筋腫	134
子宮体がん	63
子宮内膜症	135
自己免疫性溶血性貧血	135
視神経炎	133
自閉症	169
若年性痴呆症（ピック病）	167
重症筋無力症	133
十二指腸がん	77
絨毛がん	63
絨毛膜がん	65
上顎がん	83
上顎がん／横紋筋肉腫	83
硝子体過形成遺残	133
掌蹠膿胞症性骨関節炎	133
小腸がん	89
小腸肉腫	92
小児がん／悪性リンパ腫	104
小児がん／悪性リンパ腺肉腫・腎不全	105
小児がん／横紋筋肉腫	103
小児がん／下顎がん	106
小児がん／血球貪食症候群	105
小児がん／骨肉腫	103
小児がん／神経芽細胞腫	105
小児がん／水頭症・脳腫瘍・横紋筋肉腫	103
小児がん／脊髄腫瘍	104
小児がん／繊維肉腫	103
小児がん／仙骨奇形腫	104
小児がん／軟部肉腫	103
小児がん／脳腫瘍	109
小児がん／脳腫瘍・白血病	109
小児がん／バーキットリンパ腫	105
小児がん／白血病	106
小児がん／網膜芽細胞腫	106
小児がん／ユーイング肉腫	105
小児がん／卵巣がん	106
小児マヒ（ポリオ，脳性小児マヒ）	133
小脳出血	155
小脳出血／脳梗塞	155
小脳髄症	155
食道がん	85
食道がん／胃がん	87
食道がん／口腔がん	87
腎炎・ネフローゼ	137
心筋炎	178
心筋梗塞（狭心症）	176
心筋梗塞／胃がん	177
（神経性）筋萎縮症	122

神経性食思不振症, 摂食障害（拒食症）……………………………186
神経線維腫症（レックリングハウゼン病）……………………………134
神経内分泌腫瘍 ………………………97
神経芽細胞腫／小児がん ………105
進行性核上性麻痺 ………………156
進行性筋萎縮症（糖原病）……141
進行性筋萎縮症（筋ジストロフィー）……………………………125
進行性脊髄性筋萎縮症（ウェルドニッヒ・ホフマン病）…………117
進行性多巣性白質脳症 …………156
心室細動 ……………………………177
尋常性乾癬／特発性血小板／減少性紫斑病／強直性脊椎炎 …137
尋常性天疱瘡 ………………………137
腎臓がん ……………………………82
心臓弁膜症（僧帽弁閉鎖不全）178
心臓弁膜症（大動脈弁閉鎖機能不全）……………………………179
心臓弁膜症（大動脈弁狭窄症）179
じん肺 ………………………………134
腎不全 ………………………………135
腎不全・大腸がん・脳卒中 …137
心房中隔欠損 ………………………178

【す】
膵炎（急性）………………………137
膵臓がん ……………………………80
水頭症 ………………………………156

水頭症・脳腫瘍・横紋筋肉腫／小児がん ……………………………103
髄膜炎 ………………………………156
ステイフツマン症候群 …………137
ステロイド軟膏禍（アトピー）…137
スモン病 ……………………………137

【せ】
精神分裂病（統合失調症）……187
精巣がん ……………………………66
脊髄がん ……………………………97
脊髄空洞症 …………………………157
脊髄腫瘍 ……………………………93
脊髄腫瘍／小児がん ……………104
脊髄小脳変性症（SCD）………156
脊髄損傷 ……………………………138
脊髄損傷・乳がん ………………138
脊髄動静脈奇形 …………………157
脊柱管狭窄症 ……………………139
脊柱側彎症（脊椎側湾症）……138
脊椎カリエス ……………………138
脊椎骨折&慢性関節リューマチ……………………………………138
舌がん ………………………………83
舌がん／乳がん …………………83
舌根部腫瘍 …………………………83
摂食障害（過食症）……………185
線維筋痛症 …………………………139
繊維肉腫 ……………………………92
繊維肉腫／小児がん ……………103
腺がん ………………………………72

病名索引………207

仙骨奇形腫／小児がん……………104
脊索腫…………………………93
喘息……………………………139
選択無言症（場面緘黙症）………191
先端巨大症・脳下垂体腫瘍（アクロメガリー）………………116
先天性くる病…………………139
先天性心臓疾患………………178
先天性胆道閉塞症（胆道閉鎖症）
　……………………………139
前頭葉萎縮（パーキンソニズム）
　……………………………167
前立腺がん……………………66
前立腺がん／胃がん／大腸がん…67
前立腺肥大症…………………139

【そ】
躁うつ病（躁鬱病）……………189
躁病……………………………189
僧帽弁狭窄症…………………178
僧帽弁狭窄，閉鎖不全・三叉弁閉鎖不全……………………178
僧帽弁閉鎖不全（心臓弁膜症）
　……………………………178
早老症（プロゲリア）…………140

【た】
胎児性軟骨異栄養症……………172
大腿腫瘍………………………96
大腸がん………………………87
大腸がん／胃がん……………89

大動脈炎症候群………………179
大動脈弁閉鎖機能不全（心臓弁膜症）……………………179
大動脈弁狭窄症（心臓弁膜症）
　……………………………179
大動脈弁閉鎖不全（心臓弁膜症）・心筋梗塞………………179
ダウン症………………………172
多動性障害・注意欠陥（ADHD/ADD）………………………169
多発性硬化症…………………140
多発性骨髄腫…………………97
胆管がん………………………77
胆管硬化症（原発性）…………140
単純ヘルペス脳炎……………157
胆石……………………………140
胆道閉鎖症（先天性胆道閉塞症）
　……………………………139
胆嚢がん………………………78

【ち】
痔………………………………132
注意欠陥・多動性障害（ADHD/ADD）………………………169
虫垂炎（盲腸炎）………………147
虫垂がん（盲腸がん）…………89
チューレット病（トゥレット症候群）…140
直腸がん………………………90

【つ・て】
椎間板ヘルニア………………140

低体温症 …………………………… 140
てんかん …………………………… 173

【と】

糖原病（進行性筋萎縮症に含まれる。）………………………… 141
統合失調症（精神分裂病）……… 187
糖尿病（1型＝インスリン依存型，小児糖尿病）………………… 141
頭部外傷・脳挫傷（脳外傷）…… 157
トゥレット症候群（チューレット病）… 140
（特発性）拡張型心筋症 ………… 176

【な】

ナルコレプシー …………………… 190
軟骨肉腫 ……………………………… 93
軟部肉腫 ……………………………… 96
軟部肉腫／小児がん ……………… 103

【に】

肉腫 …………………………………… 92
二分脊椎症 ………………………… 143
乳がん ………………………………… 54
乳がん・胃がん …………………… 62
乳がん・胃がん・食道がん …… 62
乳がん・肺がん …………………… 62
乳がん・白血病 …………………… 62
乳がん・卵巣がん ………………… 61
乳腺炎 ……………………………… 143
乳幼児突然死症候群（SIDS）… 143

【ね】

熱射病（熱中症）………………… 143
熱傷 ………………………………… 143
ネフローゼ症候群 ………………… 144

【の】

脳溢血（脳出血）………………… 166
脳外傷（頭部外傷・脳挫傷）…… 157
脳下垂体腫瘍 ……………………… 162
脳幹出血 …………………………… 158
脳幹部中枢神経挫傷 ……………… 157
脳血栓 ……………………………… 164
脳梗塞 ……………………………… 161
脳梗塞・心筋梗塞 ………………… 162
脳梗塞・胆嚢炎・肺炎 …………… 162
脳梗塞・肺がん …………………… 162
脳死 ………………………………… 166
脳出血／胃がん …………………… 166
脳腫瘍 ……………………………… 162
脳腫瘍・クモ膜下出血 …………… 164
脳腫瘍／小児がん ………………… 109
脳腫瘍・白血病／小児がん …… 109
脳卒中 ……………………………… 159
脳動静脈奇形 ……………………… 166

【は】

肺がん ………………………………… 67
肺がん／胃がん …………………… 71
肺がん／MRSA …………………… 71
肺がん／食道がん ………………… 71
肺がん／心筋梗塞 ………………… 71

肺がん／大腸がん ･････････････････ 71
肺気腫症／心房細動 ･･････････････ 179
肺高血圧症 ････････････････････････ 144
胚細胞性腫瘍 ･･････････････････････ 96
肺動脈瘤破裂低酸素脳症 ･･････････ 179
肺リンパ脈管筋腫症（LAM） ････ 144
パーキットリンパ腫／小児がん ･･･ 105
パーキンソニズム（前頭葉萎縮）･･･ 167
パーキンソン病 ････････････････････ 166
白内障 ････････････････････････････ 144
バセドウ病 ････････････････････････ 144
白血病 ････････････････････････････ 97
白血病／心筋症 ･･････････････････ 100
白血病／小児がん ･･･････････････ 106
白血病／脳腫瘍 ･･････････････････ 100
パニック障害（不安神経症） ･･････ 190
パニック障害／うつ病 ･･････････････ 191
場面緘黙症（選択無言症） ･･････････ 191
ハーラー症候群 ･･････････････････ 144
バレ・リュー症候群（頸部交感神経刺激症状） ･･････････････ 145
ハンセン病（らい病） ･･････････････ 145
ハンチントン病 ･･････････････････ 145
反復性硝子体出血 ･･･････････････ 145

【ひ】
鼻腔悪性黒色腫 ･･･････････････････ 94
鼻中隔がん ･･･････････････････････ 85
ピック病（若年性痴呆症） ･････････ 167
びまん性軸索損傷（DAI） ････････ 167
病原性大腸菌 ････････････････････ 145

【ふ】
ファロー四徴症 ･･････････････････ 179
不安神経症（パニック障害） ･･････ 190
副腎がん／顎下腺腫瘍 ･････････････ 82
婦人科系がん ･･････････････････････ 65
不眠症 ････････････････････････････ 145
フリードリッヒ失調症 ･････････････ 145
プロゲリア（早老症） ･････････････ 140

【へ】
平滑筋肉腫 ････････････････････････ 92
閉塞性肥大型心筋症 ･･････････････ 179
ベーチェット病 ････････････････････ 146
ヘルペス脳炎 ･･････････････････････ 157
扁平上皮がん ･･････････････････････ 83

【ほ】
膀胱がん ･････････････････････････ 91
膀胱がん／胃がん ･･･････････････ 92
膀胱がん／前立腺肥大／脳梗塞 ･････････････････････････ 92
房室ブロック ････････････････････ 179
ホジキン病 ････････････････････････ 96
ポリオ，脳性小児マヒ（小児マヒ）
 ･･････････････････････････････ 133
ポルフィリン症 ･･････････････････ 146

【ま】
マタニティー・ブルー ･････････････ 191
マルファン症候群 ････････････････ 146
慢性呼吸不全 ････････････････････ 146

慢性疲労症候群·················· 191

【み】
ミオパチー（筋ミオパシー）······· 126
未熟児網膜症····················· 146
ミトコンドリア病················· 146
未破裂脳動脈瘤··················· 167
未分化小細胞がん················· 96

【む】
ムコ多糖症······················· 146
無腐性壊死······················· 147

【も】
盲腸炎（虫垂炎）················· 147
盲腸がん（虫垂がん）············· 89
網膜剥離························· 147
網膜芽細胞腫／小児がん··········· 106

【や・ゆ】
ヤコブセン症候群················· 147
薬物中毒（薬物依存症）··········· 142
ユーイング肉腫··················· 96
ユーイング肉腫／小児がん········· 105

ユニークフェイス（仮称）········· 147

【よ】
腰椎圧迫骨折····················· 147
腰部脊椎管狭窄症················· 148
溶連菌感染症····················· 148
鎧状がん························· 97

【ら】
ライ症候群······················· 148
らい病（ハンセン病）············· 145
卵巣がん························· 64
卵巣がん／小児がん··············· 106
卵巣がん／大腸がん··············· 65

【り】
リウマチ························· 148
リウマチ熱······················· 149
リンドー病······················· 97

【れ・ろ】
レックリングハウゼン病（神経線維腫症）··························· 134
ロックト・イン・シンドローム····· 168

病名索引········211

■執筆者紹介

石井　保志（いしい　やすし）
1965 年神奈川県生まれ
健康情報棚プロジェクト代表

現在：東京医科歯科大学図書館国府台分館勤務。
東京医科歯科大学医学部附属病院事務部，同大附属図書館，国立情報学研究所等に勤務。
委員会等：全国患者図書サービス連絡会役員，日本図書館協会・日本医学図書館協会の委員会委員，NPO 法人からだとこころの発見塾設立メンバー等を務める。ヘルスサイエンス情報専門員（上級）資格取得。東京大学医療政策人材養成講座 1 期生。

健康情報棚プロジェクト

2004 年設立。
市民・患者へわかりやすい健康・医療情報を提供するため結成された市民研究グループ。インターネット全盛時代だからこそ，あえて本棚（棚）で現物を手にとる情報アクセスを重視。図書館や書店で隙間的に扱われる闘病記や患者会資料を，新たな分類・展示法でだれでも探しやすくする活動を展開中。2005 年に病名分類による「闘病記文庫」を提唱。その他「闘病記ライブラリー」「ライフマップ」など総合医療情報コーナー設置のプロジェクトを推進している。
編著書：『からだと病気の情報をさがす・届ける』（読書工房，2005），『からだといのちに出会うブックガイド』（読書工房，2008）

視覚障害者その他活字のままではこの本を利用できない人のために，日本図書館協会及び著者に届け出る事を条件に音声訳（録音図書）及び拡大写本，電子図書（パソコンなど利用して読む図書）の製作を認めます。但し，営利を目的とする場合は除きます。

EYE LOVE EYE

◆JLA 図書館実践シリーズ　17

闘病記文庫入門
医療情報資源としての闘病記の提供方法

2011 年 6 月 10 日　　　初版第 1 刷発行©

定価：本体 1800 円（税別）

著　者：石井　保志
発行者：社団法人　日本図書館協会
　　　　〒104-0033　東京都中央区新川1-11-14
　　　　Tel 03-3523-0811(代)　Fax 03-3523-0841
デザイン：笠井亞子
印刷所：㈲吉田製本工房　㈲マーリンクレイン
Printed in Japan
JLA201104　　ISBN978-4-8204-1101-7
本文の用紙は中性紙を使用しています。

JLA 図書館実践シリーズ 刊行にあたって

　日本図書館協会出版委員会が「図書館員選書」を企画して 20 年あまりが経過した。図書館学研究の入門と図書館現場での実践の手引きとして，図書館関係者の座右の書を目指して刊行されてきた。

　しかし，新世紀を迎え数年を経た現在，本格的な情報化社会の到来をはじめとして，大きく社会が変化するとともに，図書館に求められるサービスも新たな展開を必要としている。市民の求める新たな要求に対応していくために，従来の枠に納まらない新たな理論構築と，先進的な図書館の実践成果を踏まえた，利用者と図書館員のための出版物が待たれている。

　そこで，新シリーズとして，「JLA 図書館実践シリーズ」をスタートさせることとなった。図書館の発展と変化する時代に即応しつつ，図書館をより一層市民のものとしていくためのシリーズ企画であり，図書館にかかわり意欲的に研究，実践を積み重ねている人々の力が出版事業に生かされることを望みたい。

　また，新世紀の図書館学への導入の書として，一般利用者の図書館利用に資する書として，図書館員の仕事の創意や疑問に答えうる書として，図書館にかかわる内外の人々に支持されていくことを切望するものである。

2004 年 7 月 20 日
日本図書館協会出版委員会
委員長　松島　茂